Geschlechtserziehung interdisziplinär

Geschlechtserziehung interdisziplinär

Grundlegende Informationen für Lehrer

Herausgegeben von Franz Beffart

Mit Beiträgen von Hans Böhringer, Karl-Heinz Grenner,
Bernhard Mattes, Gerd-Heinrich Neumann,
Edith Schröder, Hermann Stenger,
Wilhelm Tünte und Hans-Joachim Türk

Patmos-Verlag Düsseldorf

1. Auflage 1975
Umschlaggestaltung Eschert
Herstellung Clausen & Bosse, Leck
ISBN 3-491-77405-5

Inhalt

Vorwort

Die vorliegende Veröffentlichung ist das Ergebnis einer mehrjährigen intensiven Zusammenarbeit von Fachwissenschaftlern verschiedener, für die Sexualpädagogik bedeutsamer Disziplinen. Im Jahr 1971 erhielt das Katholische Zentralinstitut für Ehe- und Familienfragen in Köln von der Deutschen Bischofskonferenz einen Auftrag, sich mit anderen Stellen darum zu bemühen, daß die Sexualerziehung in den Schulen in einer Weise geschehe, die einer christlichen Ethik angemessen ist. Im Rahmen der Bearbeitung dieses Auftrags beschäftigte sich eine hierfür gebildete Kommission mit der Lehrerfortbildung im Bereich der Sexualpädagogik. Mit einer Bestandsaufnahme und ersten Konzepten befaßten sich die Herren T. Thurnreiter, Direktor im Institut für Lehrerfortbildung, Mainz, Dipl. Theol. N. Schiel, Katholisches Zentralinstitut, und A. Janzing, Rektor in der Hauptabteilung Schule und Erziehung im Bistum Münster. Sie begleiteten das Projekt auch in der weiteren Entwicklung. Besonders Herr Janzing brachte als Didaktiker immer wieder seine schulpraktischen Erfahrungen ein.

Vom Katholischen Zentralinstitut wurde daraufhin eine Arbeitsgruppe gebildet, der die Institute für Lehrerfortbildung in Essen, Mainz und Gars sowie der Leiter der Bischöflichen Hauptstelle für Schule und Erziehung, Herr Prälat K. Schraaf, angehörten. Im Verlauf der Arbeit kamen die übrigen Verfasser der vorliegenden Beiträge zur Arbeitsgruppe hinzu, ebenso das Referat Sexualerziehung und Suchtprophylaxe im Institut für Bildungsplanung und Studieninformation, Stuttgart. Als Berater wirkte während der gesamten Entwicklungsarbeit Herr Prof. Dr. J. Bökmann vom Institut für Lehrerfortbildung in Essen-Werden mit. Durch kritische Analyse vorgelegter Rohmanuskripte hat er einen nicht unerheblichen Anteil an der Gesamtgestaltung des Projekts.

In mehreren Sitzungen und Klausurtagungen vervollständigte die Gruppe das Projekt von Lehrgängen zur Fortbildung von Lehrern. In den Jahren 1973 und 1974 wurden vom Institut für Lehrerforbildung in Essen zwei Modell-Lehrgänge durchgeführt, und zwar von den Herren Prof. Dr. J. Bökmann und Privatdozent Dr. G. H. Neumann. Diese Kurse sollten als Grundlage für die vorliegende Arbeit Modelle für Lehrerfortbildner in Sexualpädagogik entwickeln. Wegen der bevorstehenden Auflösung des Katholischen Zentralinstituts konnten aber die Ergebnisse der Kurse nicht in der vorgeplanten Weise ausgewertet werden. Die Arbeitsgruppe beschloß deshalb, die ursprünglich nur für Fortbildungsträger im weitesten Sinne geplanten Beiträge weiter zu fassen und sie dadurch auch für die Hand jedes interessierten Lehrers zum Selbststudium zugänglich zu machen. Dabei mußte auf die Eingrenzung für die jeweilige Schulstufe verzichtet werden. Durch die Erweiterung des Konzepts wurde es allerdings möglich, die Arbeiten so abzufassen, daß sie auch von Erwachsenenbildnern, Mitarbeitern in der außerschulischen Jugendarbeit und Sozialpädagogen auf ihr jeweiliges Arbeitsfeld übertragen werden können.

Bei allen Gesprächen und Arbeiten in der Gruppe wurde ständig ein breiter Konsens gesucht. Die einzelnen, hier vorliegenden Beiträge sind somit in ständiger Korrektur durch alle Mitarbeiter entstanden; auch nicht zur Gruppe gehörige Fachwissenschaftler wurden um Rat und Kritik gebeten. Dennoch bleibt die letzte Verantwortung beim jeweiligen Verfasser. So wird auch nicht der Anspruch erhoben, eine offizielle oder offiziöse Arbeit vorzulegen. Auf die Ausweisung der Beiträge als von Christen verantwortet wird dennoch nicht verzichtet, obwohl die einzelnen Fachbereiche so qualifiziert bearbeitet werden, daß sie auch für Pädagogen von Bedeutung sein können, die sich nicht ausdrücklich einem christlichen Bekenntnis verpflichtet fühlen.

Der mehrjährigen Arbeit aller Mitglieder der Arbeitsgruppe und der Bereitschaft des Patmos-Verlages ist es zu verdanken, daß die vorliegenden Hilfen zur Lehrerfortbildung in dieser Form erscheinen können.

Einleitung

Die hier vorgelegten Einzelbeiträge zur Geschlechtserziehung wurden nach einem bestimmten Raster bearbeitet. Zunächst wird in Umrissen von der Situation des jeweiligen Wissenschaftszweiges gehandelt. Dann folgt ein Wort zur Situation der Schüler. Der erste Teil schließt mit einem Ausblick auf die Bedeutung des Beitrags für ein heute mögliches Weltverständnis, besonders aus der Sicht des christlichen Glaubens. Eine knappe und übersichtliche Darstellung von Lernzielen und Lerninhalten für den Lehrer schließt sich an. Den einzelnen Verfassern wurde es freigestellt, Lernziele und Lerninhalte getrennt oder miteinander verbunden darzustellen. Durch diese und andere Unterschiede in den einzelnen Arbeiten wird wohl eine Schematisierung der Beiträge sowie eine Ermüdung beim Leser vermieden.
Mit diesem Raster der Beiträge dürfte dem mit curricularem Denken vertrauten Pädagogen die Arbeit erleichteret werden. Bewußt wurde darauf verzichtet, alle Lernziele operationalisierbar zu beschreiben; es bleibt zu fragen, wie weit dies überhaupt möglich sein kann. Die Zusammenstellung von Lernzielen und Lerninhalten konnte auch nicht immer bis in die einzelnen Teilziele konkretisiert werden – hier bleiben dem Leser noch hinlänglich Möglichkeiten für die eigene Arbeit. Zum richtigen Verständnis der einzelnen Beiträge ist es erforderlich, daß der Leser immer wieder die Querverbindungen zwischen den Aussagen der verschiedenen Fachleute herstellt, da die Integration unterschiedlicher Aspekte ein besonderes Anliegen der Arbeitsgruppe ist.
Der oft synonyme Gebrauch der Begriffe ‚Sexualpädagogik', ‚Sexualerziehung', ‚Geschlechtserziehung' führte im Laufe der vorbereitenden Arbeiten dazu, den umfassenderen Begriff ‚Geschlechtserziehung' bevorzugt zu wählen.
Herausgeber und Autoren sind sich darüber im klaren, daß Wis-

sensvermittlung und intellektuelle Fortbildung nur zum Teil den Rückstand aufarbeiten können, der dem Lehrer die Sexualerziehung schwer macht.* Darum sei nachdrücklich auf die Anregungen von H. Stenger hingewiesen.

Die vorliegenden Informationen können vielfältige Hilfen bieten: bei der Vorbereitung und Durchführung von Kursen zur Lehrerfortbildung, in der Orientierung für den einzelnen Lehrer, bei der Gestaltung von Arbeitsgemeinschaften, zur Vorbereitung für den interdisziplinären Dialog der Fachlehrer in den Kollegien, in der Fortbildung von Mitarbeitern in Erwachsenenbildung und außerschulischer Jugendarbeit und – unter Berücksichtigung der anders gelagerten Bedingungen – auch für die Aus- und Fortbildung von Erziehern im Vorschulbereich.

* Vgl. *A. Graf*, Zur Rolle des Lehrers in der Sexualerziehung, in: Medien- und Sexual-Pädagogik 3 (1975) 5–9.

Hans Joachim Türk

Moderne und traditionelle Sexualethik und -pädagogik. Darstellung und Kritik aus der Sicht philosophischer Ethik

1 Begründungszusammenhänge

1.1 Die Situation in der Wissenschaft

1.1.1 Die meisten modernen (‚sexualaffirmativen') Auffassungen[1] berufen sich auf wissenschaftliche Erkenntnisse aus der Ethnologie, Psychologie, Soziologie und anderen Disziplinen.
Eine Vorklärung wissenschaftstheoretischer Art über die Tragweite spezieller Methoden, über die Generalisierbarkeit von Einzelbefunden, über die Aussagekraft des Faktischen in Normenfragen ist jedoch gewöhnlich nicht vorgenommen worden. Ein Unterschied von Hypothese/Theorie und gesicherter Erkenntnis wird meistens nicht gemacht. Es werden Teilbefunde, Teilaspekte verallgemeinert und in den Rang eines Gesetzes erhoben, Faktisches und Normatives werden gleichgesetzt. Andere widersprechende Befunde oder Theorien werden ohne Nachweis abqualifiziert oder ignoriert.[2]
Zwei grundsätzliche Denkweisen stehen hinter diesen Sexualtheorien, die sich auf wissenschaftliche Erkenntnisse berufen: Ein Positivismus, der nur verifizierbare Fakten und Gesetze gelten lassen will, und eine damit an sich nicht vereinbare emanzipatorische Attitüde, welche Wissenschaft für ein bestimmtes Interesse, hier die sexuelle Emanzipation, in Dienst nimmt und al-

[1] Hierzu und zu den folgenden Abschnitten siehe die in Anm. 19 genannte Literatur.

[2] Über die möglichen Fehlerquellen in den Sozialwissenschaften siehe besonders:
E. Fooken, Grundprobleme der Sozialpädagogik. Eine Analyse ihrer theoretischen Aufgaben (UTB 266), Heidelberg 1973, 18–34, 41–45, 49–52, 99–109, 136–143; *W. Mangold,* Empirische Sozialforschung, Grundlagen und Methoden, Heidelberg 1972³, 15–48.
Zur Wissenschaftstheorie überhaupt: *E. Ströker,* Einführung in die Wissenschaftstheorie, Darmstadt 1973, bes. 77ff., 96–109.

les ihr Entgegenstehende damit als nichtlegitime Wissenschaft abweist. Diese Beobachtungen kann man besonders an den Äußerungen über die Arbeiten von Freud, Mead und Reich sowie in den Fragen der vorehelichen Sexualität, der Monogamie, der Homosexualität, der Rolle der Frau machen. Beide wissenschaftliche Denkweisen sind einseitig und höchst umstritten.[3] Die Berufung auf ‚Wissenschaft' ist also in jedem Fall wissenschaftstheoretisch zu untersuchen.

1.1.2 Moderne Sexualpädagogik tritt gewöhnlich unter emanzipatorischem Anspruch auf. Der Begriff ‚Emanzipation' bleibt weitgehend ungeklärt.[4] Er enthält im allgemeinen nur die Befreiung von einer traditionellen Sexualethik, die bisher die Sexualität ideell, religiös oder gesellschaftlich normiert hatte.

Die neue Sexualpädagogik stellt aber, ohne dies bewußt zu haben oder bewußt zu machen, eine neue Norm auf: Lustgewinn der beteiligten Individuen ist als natürliches Grundbedürfnis des Menschen gesehen, das ein Recht hat erfüllt zu werden und eine ‚Pflicht' dazu beeinhaltet.[5] Damit wird die biologische Natur mit ihrem Triebanspruch zur zwingenden Norm des Verhaltens, der der Mensch unterworfen wird. Auch der mit dem emanzipatorischen oft verbundene rationalistische Aufklärungsanspruch wird nicht eingelöst, da die Etablierung der Natur gerade nicht aus der Vernunft begründbar ist. Der Geltungscharakter von Natur läßt sich weder apriorisch noch empirisch erweisen, er stellt eine nicht mehr beweisbare Entscheidung dar.

1.1.3 Philosophisch-anthropologische Überlegungen werden

[3] Vgl. die seit dem Positivismusstreit noch andauernde Diskussion zwischen kritischem Rationalismus (Popper, Albert, Topitsch) und Neomarxisten (Frankfurter Schule, bes. Habermas).

[4] Zur Kritik emanzipatorischer Erziehung siehe: *H. Bath*, Emanzipation als Erziehungsziel? Überlegungen zur Herkunft und zum Gebrauch eines Begriffes, Bad Heilbrunn 1974; *H. J. Türk*, Emanzipation als religionspädagogisches Endziel: in: Religionsunterricht an höheren Schulen 15 (1972) 145–158.

[5] *H. Bauer*, Geschlechtserziehung und Gesellschaft (Luchterhand Arbeitsmittel für Erziehungswissenschaft und -praxis), Neuwied–Berlin 1973, 11–15, 85–90; *W. Fischer* u. a., Normenprobleme in der Sexualpädagogik, Heidelberg 1971, 160–195.

nicht angestellt (obwohl sie in den genannten Theorien impliziert sind) oder ausdrücklich als ideologisch oder unwissenschaftlich abgewiesen. Philosophie als Bemühung, zu einer integrierenden, die Summe der Erkenntnisse der empirischen Humanwissenschaften überschreitenden Deutung des Menschen in der Welt zu gelangen, wird ohne wissenschaftstheoretische Reflexion als irrelevant abgewiesen.[6] Themen wie Schuld, Sinn, Verantwortung, Personalität, Liebe u. a. werden als nicht verifizierbar oder als ideologiekritisch entlarvt nicht ernst genommen.

1.1.4 Die traditionelle katholische Sexualethik und -pädagogik hat in der Diskussion und in der Konfrontation mit den modernen Auffassungen einen schwierigen Stand.[7] Zu viele Gebote und Verbote ermangeln sowohl biblischer, also genuin christlicher, als auch anthropologischer Begründung. Sie sind abhängig von gesellschaftlichen, kulturellen, geistesgeschichtlichen Einflüssen. Es sind z. B. leibfeindliche, dualistische, gnostisch-manichäische Tendenzen trotz grundsätzlicher Ablehnung wirksam geblieben (z. B. die Lehre, daß es in der Unkeuschheit immer um eine ‚schwerwiegende Sache' geht, Unwahrhaftigkeit aber eine ‚nicht schwerwiegende Sache' ist, falls nicht besondere Umstände diese Wertung verändern). Oder: der Naturbegriff (die ‚Natürlichkeit' des ehelichen Verkehrs betreffend) in der Enzyklika ‚Humanae Vitae' entstammt einer antik-mittelalterlichen Naturphilosophie.

Die unzureichende, zum Teil auch falsche Begründung dieser traditionellen Auffassungen ist mittlerweile philosophisch und

[6] Musterbeispiele: Sexualkunde-Atlas, Opladen 1969; ‚Samspel'. Was Jugendliche über Sexualität wissen sollten. Deutsche Bearbeitung von P. Jacobi, Weinheim–Berlin–Basel. 1969². – Vgl. dagegen als positives Beispiel *M. Leist,* Angst vor Sex? Aufklärung für junge Leute, München 1970. – Zur Kritik an der genannten Verkürzung siehe: *Bauer,* Geschlechtserziehung, 32f., 59, 79f., 84–99; *A. Elsässer,* Die sittliche Ordnung des Geschlechtlichen (Der Christ in der Welt, VIII, Bd. 5c), Aschaffenburg 1973, 75–78; *St. Pfürtner,* Kirche und Sexualität (rororo Sexologie), Reinbek 1972, 217–226.

[7] *Bauer,* Geschlechtserziehung 31f., 48–54, 62ff.; *Elsässer,* Ordnung, 5–8, 63–67, 75–78; *Pfürtner,* Kirche.

theologisch durchschaut,[8] aber die Spannung zwischen ungenügender bzw. sogar unzutreffender Begründung einerseits und aufrechterhaltener Urgierung seitens kirchlicher Autoritäten anderseits bleibt zum Schaden nicht zuletzt der kirchlichen Autorität selbst bestehen.[9] Sie wird auch nicht durch seelsorgliche Bemühungen in der Alltagspraxis grundsätzlich aufgehoben.

1.1.5 Philosophische Ethik kann darauf aufmerksam machen, daß auch formale Strukturfehler in der katholischen Moraltheologie bis heute eine überzeugende und begründbare Ethik verfälschen: die Anlehnung des moraltheologischen Denkens an das juristische Denken, indem sittliches Sollen in der Weise des rechtlich gefaßten Gesetzes gedacht wird (Erfüllungsethik im Positiven, Verbotsethik im Negativen). Ferner: das Überwiegen ‚deontologischer' Argumentation (d. h. die Begründung sittlichen Handelns aus Grundsätzen, die ohne Rücksicht auf Folgen und Umstände gelten; z. B. vorehelicher Verkehr ist nie erlaubt) gegenüber der Abwägung von Werten und Folgen.[10]

Das Verhältnis von ‚Liebe' und anderen sittlichen Normierungen ist theoretisch zwar schwierig zu bestimmen, enthebt aber nicht der Mühe, in der Praxis von der Liebe als letzter ‚Norm' her die gesamte christliche Ethik zu formen.

1.1.6 Es ist kein ethisches System in der Lage, eine in sich konsistente und sich in der Praxis bewährende Sexualethik unwiderleglich anzubieten; jede impliziert unbeweisbare oder axio-

8 *J. M. Reuss,* Familienplanung und Empfängnisverhütung. Überlegungen im Anschluß an die Synodenvorlage Christlich gelebte Ehe und Familie sowie an die Enzyklika Humanae Vitae, Mainz 1975.

9 Die Vorgänge vor und bei der Beratung der genannten Vorlage der Synode der Deutschen Bistümer belegen diese Aussage. – Auch in den reformatorischen Kirchen finden sich spezifische Verkürzungen einer integrierten Sicht der Sexualität, so die starke Akzentuierung der patriarchalischen Familie und die Erklärung des Begehrens als unvermeidlicher Sünde.

10 *B. Schüller,* Die Begründung sittlicher Urteile. Typen ethischer Argumentation in der Katholischen Moraltheologie, Düsseldorf 1973, bes. ab 139; *F. Böckle,* Kirche und Sexualität. Möglichkeiten einer dynamischen Sexualmoral: Concilium 10 (1974) 759–766, bes. 764f.; *W. K. Frankena,* Analytische Ethik. Eine Einführung (dtv. Wissenschaftliche Reihe), München 1972, 35ff., 43–49, 71–75.

matische Prämissen. Die *wissenschaftstheoretische* Lage der Ethik (nicht die konkrete, den einzelnen betreffende Sittlichkeit!) kann man als ‚aporetisch' bezeichnen.[11] Auch aus dem Gottesglauben ergeben sich keine eindeutigen sittlichen Verhaltensweisen, desgleichen sind aus dem Neuen Testament keine *umfassenden* und *detaillierten* Normen zu gewinnen (lediglich Zielvorstellungen bindenden Charakters, Leitlinien, Modelle, einzelne Imperative).[12]

1.1.7 Übrig bleibt: der Rückgang auf Erfahrungen, die einen breiten Konsens möglich machen darüber, was wir *nicht* wollen; ferner: eine Verständigung und ein Entschluß über Grundwerte, die wir als Basis unseres künftigen Zusammenlebens ansehen *wollen*, die gewissermaßen ein ‚Apriori der Kommunikationsgemeinschaft' darstellen – vorgängig zum Individuum (vgl. die Funktion der ‚Grundrechte' im GG der Bundesrepublik Deutschland); schließlich: die Bemühung um eine argumentative, machtfreie Aushandlung (welche die vorhergenannten Werte impliziert) konkreter Verbindlichkeiten. Unbeschadet der sehr unterschiedlichen theoretischen oder praktisch vorhandenen Begründungen des sittlichen Sollens erscheint eine Einigung auf dem Boden der praktischen kommunikativen Vernunft nicht unmöglich (als ‚Option' für ein sittliches Apriori, ohne das eine Gemeinschaft in Kommunikation nicht vorstellbar und nicht realisierbar ist und das als solches nur im ‚Diskurs' erkennbar wird).[13] Vgl. dazu auch 1.3.3.

11 *H. R. Schlette*, Aporien der Ethik, in: ders., Aporie und Glaube. Schriften zur Philosophie und Theologie, München 1970, 63–78; vgl. *Bauer*, Geschlechtserziehung, 6ff., 31–36, 101–106.

12 *Elsässer*, Ordnung, 22–35; *Schüller*, Begründung, 212f.; *H. Küng*, Christsein, München 1974, 539ff.; bes.: *A. Auer*, Autonome Moral und christlicher Glaube, Düsseldorf 1971. Dagegen: *B. Stoeckle*, Grenzen der autonomen Moral, München 1974.

13 *F. Böckle*, Theonomie und Autonomie der Vernunft, in: W. Oelmüller (Hg.), Fortschritt wohin? Zum Problem der Normenfindung in der pluralen Gesellschaft, Düsseldorf 1972, 63–86; *K. O. Apel*, Transformation der Philosophie, Bd. II, Frankfurt a. M. 1973, bes. 358–435; *F. Kaulbach*, Ethik und Metaethik. Darstellung und Kritik metaethischer Argumente, Darmstadt 1974, z. B. 155–160; *J. Habermas*,

1.2 Die Situation des Schülers[14]

1.2.1 Alters- und epochaltypische Tendenzen machen den Jugendlichen anfällig für alle ‚befreiend' sich nennenden und gebenden Bewegungen. Der Ablösungsprozeß von der eigenen Kindheit und von der Erziehergeneration und eine emanzipatorische Sexualpädagogik (die ebenfalls von ‚Erziehern' initiiert wird!) verstärken sich gegenseitig. Der Jugendliche wird für das votieren, was ihm Befreiung verheißt; der Mangel an kritischer Urteilsfähigkeit wird ihm dadurch verstellt, daß er sich kritisch gegenüber dem Herkömmlichen *verhält.*

1.2.2 Unsere Zeit zeigt wenig integrative Tendenzen. Die verschiedenen Lebensbereiche (Familie, Arbeit, Freizeit) und Gesellschaftsgruppen stehen oft beziehungslos nebeneinander oder auch gegeneinander. Die ‚instrumentelle Vernunft' (ratio) analysiert Ganzheiten in einzelnes. Pluralismus wird weitgehend akzeptiert. In dieses Gesamtbild paßt der Jugendliche, dessen Triebe, Wünsche, Verhaltensweisen auch noch nicht geglückt und integriert sind. Eine isolierte Betrachtung und Praxis des Sexualverhaltens (Lust ohne Bindung an ‚Höheres') deckt sich mit zeit- und phasentypischen Erscheinungen. Eine Lehre von dem ‚Recht auf Lust' und der Absage an Rechtfertigung sexueller Lust durch personale Werte oder gesellschaftliche Normen oder religiöse Autorität findet leicht Zustimmung.

1.2.3 Eine erst in der hochindustrialisierten Gesellschaft sich offen zeigende Notlage macht den Jugendlichen geneigt, neuen Sexualauffassungen anzuhängen: Die Spannung zwischen sexueller Reife, die sich in den letzten rund hundert Jahren verfrüht hat, und der ökonomischen, gesellschaftlichen und oft auch seelisch-geistigen Möglichkeit einer Eheschließung, was besonders

Legitimationsprobleme im Spätkapitalismus, Frankfurt a. M. 1973, 120–125, 140–152, 194ff.

14 Zum Ganzen siehe: *Bauer,* Geschlechtserziehung, 26–32; *R. Bleistein,* Sexualerziehung zwischen Tabu und Ideologie, Würzburg 1971, 9–20 (dort weitere Literaturangaben); *M. Schofield,* Das sexuelle Verhalten junger Leute, (rororo Sexologie), Reinbek 1969; Sexualität und Gewissen, hg. von A. Groß u. St. Pfürtner, Mainz 1973, 18ff.

für die studierende Jugend zutrifft. Akzelerationsprobleme werden besonders durch die vielen Schlüsselreize der Medien, der Mode, der Werbung geschaffen. Die Forderung nach vorehelicher Enthaltsamkeit ist für viele, wahrscheinlich die Mehrzahl der Jugendlichen, kaum noch zu verstehen und zu realisieren.

Eheähnliche Partnerschaften bilden sich in Wohngemeinschaften und Wohnungen junger Leute, die recht früh das Elternhaus verlassen. Tatsächlich scheint sich das Gewissen auch der kirchlich gebundenen Jugendlichen rasch auf die neue Situation hin umzustellen, so daß z. B. voreheliche Beziehungen und Kommunionempfang als selbstverständlich vereinbar angesehen werden.

1.2.4 Jugendliche unterliegen zwei gegensätzlichen Einflüssen, die sich dennoch in *eine* Richtung verstärken: Die von Interessenkreisen (gewöhnlich konservativer Provenienz) propagierte und kommerziell ausgenutzte Freizügigkeit des Sexuellen (die durch ihre Scheinfreiheit ablenkt von neu sich einstellenden Zwängen [Orgasmuszwang] und von oft wichtigeren gesellschaftlichen und individuellen Unfreiheiten) und die (sich meist liberal-progressiv oder links gebenden) aufklärerischen und emanzipatorischen Theorien des Sexuellen (die oft Ausdruck unbereinigter libidinöser Bedürfnisse sind, sich aber politisch garnieren) – beide in manchen Medien an einem Strang ziehend.

1.2.5 Verbleibende oder neu aufkommende Unsicherheit der Jugendlichen hinsichtlich der Richtigkeit des sexuellen Verhaltens findet bei den meisten Erziehern keine Stütze, da diese selbst verunsichert sind und zwischen verlegenem Tolerieren neuer Verhaltensweisen und brüsker Einschärfung traditioneller Normen kaum überzeugende, sinnvolle Normen anbieten. Die Kirche und die Seelsorge sind in eine Krise ihrer Glaubwürdigkeit geraten, da die offizielle katholische Morallehre und die individuelle Pastoral vieler Seelsorger auseinanderklaffen.

1.2.6 Empirische Ergebnisse bestätigen, daß bei aller anscheinenden Pluriformität und Liberalität des Sexualverhaltens unter Jugendlichen ein konstantes Bedürfnis nach Partnerbindung besteht. Die Zweierbeziehung dauerhafter Art ist die regelmäßige

Erwartung und das fast allgemeine Muster, auch wenn sie oft genug nicht gelingt.
Sittliche Normierung kann pädagogisch nur im Sinn verantwortbarer, umfassender, auch seelisch-geistig begründeter Partnerschaft gefunden werden. Es drängt sich die Notwendigkeit auf, Stufen zwischen notwendiger Enthaltsamkeit und Ehe als sittlich legitim namhaft zu machen (und nicht nur verlegen zu tolerieren). Bemühungen um die Kultur des Erotischen und um Sinn für personale Werte einschließlich der Verantwortlichkeit dürften bei heutigen Jugendlichen auf latente oder sogar manifeste Bereitschaft stoßen. Notwendig, aber schwierig erscheint es, auf die vielen Selbsttäuschungsmöglichkeiten im erotisch-sexuellen Bereich hinzuweisen und daraus unter Umständen Folgerungen zu ziehen.

1.3 Bedeutung für das Weltverständnis der Christen

1.3.1 In vielen kirchlichen Äußerungen zur Sexualität sind die Erkenntnisse der modernen Humanwissenschaft unberücksichtigt geblieben. Außerdem wirken die theoretisch in der Moraltheologie bereits überwundenen Auffassungen erstaunlich lange weiter, wenn auch nur im Protest junger Leute gegen eine vermeintlich immer noch gültige alte Morallehre. Aus diesem pädagogischen und seelsorglichen Grund kann die Auseinandersetzung auch mit an sich überholten Morallehren nicht übergangen werden.[15] Im übrigen ist der Grad der kirchlichen Zuständigkeit in nicht offenbarten Lehren, besonders in den sogenannten Naturrechtsfragen (Fragen der natürlichen Sittlichkeit) theologisch umstritten.[16] Die Anfälligkeit der kirchlichen Morallehren für jeweils zeitbedingte Einflüsse und die Notwendigkeit von Korrekturen zuzugeben, würde die Glaubwürdigkeit des Lehramts in Moralfragen erhöhen bzw. für viele vielleicht wiederherstellen, die (nach dem Ausweis z. B. der bekannten ‚Synodenumfrage‘[17])

[15] Vgl. o. Anm. 7 u. 8. Ferner bes.: *F. Böckle,* Kirche und Sexualität.
[16] *Elsässer,* Ordnung, 35–44.
[17] *G. Schmidtchen,* Zwischen Kirche und Gesellschaft. Forschungsbericht über die Umfragen zur Gemeinsamen Synode, Freiburg 1972.

das Vertrauen in die Kirche in Moralfragen mehr als in Glaubensfragen verloren haben. Vgl. dazu den Beitrag von B. Mattes.

1.3.2 Der Rückstand der katholischen Sexualethik kann nicht dadurch aufgeholt werden, daß sie sich modischen Trends ergibt. Unbeschadet des oben Geforderten wäre es eine für die Gesamtgesellschaft nötige und der Überzeugungskraft christlicher Ethik zuträgliche Leistung, die modernen Trends der Sexualpädagogik, die sich allerdings gerade von der Unzulänglichkeit der traditionellen Moral nähren, ideologiekritisch und wissenschaftstheoretisch sowie von ihren praktischen Auswirkungen her zu entlarven.
Die Unklarheiten, Ungereimtheiten, Widersprüche und Gefahren, die in 1.1.1 bis 1.1.3 und in 1.2.1 bis 1.2.4 benannt sind, verdienen eine für die gesamte Gesellschaft sichtbare und hilfreiche Kritik.

1.3.3 Es ist unmöglich, für alle in der Gesellschaft einsichtige und zwingende *Begründungen* sittlicher Maximen finden zu wollen; es ist ebenso aussichtslos, eine Ethik mit spezifisch christlichen Inhalten anderen Gruppen der Gesellschaft anzubieten oder diese als *christliche* zur einzigen *humanen* Ethik zu erklären. Es hat gesamtgesellschaftlich (und damit in der öffentlichen Pädagogik, z. B. in der Schule) nur Sinn, daß die Christen das, was *menschlich* verbindlich und hilfreich erscheint, auch als das vom *christlichen* Glauben Erforderliche darstellen und verwirklichen (z. B.: Ablehnung der Abtreibung oder der Promiskuität ist keine christliche Gruppenethik; daß es in dieser Frage noch zu keinem Konsens gekommen ist, ist wohl erklärlich aus der Verflechtung der Debatte mit Machtinteressen – es fehlte bislang eben der ‚herrschaftsfreie Diskurs'!). Damit wird nicht geleugnet, daß Christen nach ihrem Selbstverständnis das Recht und die Pflicht haben können, das spezifisch und genuin Christliche in den gesellschaftlichen Diskurs einzubringen – allerdings nicht als eine der Gesamtgesellschaft aufzuzwingende Forderung.
Um dem zur Zeit noch nicht vorhandenen Konsens schrittweise näherzukommen, ist ein machtfreier, argumentativer, auf Erfahrungen gründender Diskurs erforderlich, in dem katholischer-

seits von einer juridischen Gesetzesethik zu einer dynamischen Zielethik (s. dazu 2.4.6) überzugehen ist. Um die Anerkennung eines Konsenses wenigstens in den Zielvorstellungen von Werten und Normen ist zu ringen, wobei die *gesellschaftliche* Gültigkeit vom *Konsens,* die objektive Geltung philosophisch aus einer wie immer gearteten Einsicht in Seins- oder Sollensstrukturen, für den *Christen* die letzte Gültigkeit nicht aus diesem Konsens, sondern aus nur dem *Glauben* zugänglichen Gründen stammt.[18]

2. *Lernziele und Inhalte der Fortbildung*

2.1 Der Lehrer soll die wichtigsten Merkmale, die fast allen ‚emanzipatorischen' und ‚sexualaffirmativen' Richtungen der Sexualpädagogik gemeinsam sind, erkennen und bestimmen können.[19]

Folgende Merkmale lassen sich namhaft machen:

2.1.1 Das Erlebnis der eigenen Lust könne legitim von anderen Funktionen der Sexualität getrennt werden.

2.1.2 Die sexuelle Lust bedürfe keiner Rechtfertigung durch Bindung an angeblich höhere Zwecke wie Fortpflanzung, Liebe, Treue, Ehe; sie sei Selbstzweck.

[18] Siehe Anm. 13.

[19] Als Belege für 2.1.1–2.1.7 können dienen:
Für eine Revision der Sexualpädagogik (mit Beiträgen von H. Kentler, G. Bittner, H. Scarbath, R. Gerds, M. Goldstein, G. Hoppe), München 1969, bes. 28–47; *H. Kentler,* Sexualerziehung (rororo Sexologie), Reinbek 1970, bes. 42–104; *A. Comfort,* Der aufgeklärte Eros. Plädoyer für eine menschenfreundliche Sexualmoral (rororo Sachbuch), Reinbek 1968, 197–225; *W. Reich,* Der Einbruch der sexuellen Zwangsmoral. Zur Geschichte der sexuellen Ökonomie (Fischer Taschenbuch 6268), Frankfurt a. M. 1975, 24–50, 138ff.; *P. Jakobi / H. Kriedemann / L. Maier / J. Peters,* Sexfibel, Opladen 1972.
Die Sonderform der Sexpol-richtung, einer eklektischen Auswahl und Verschmelzung psychoanalytischer und marxistischer Auffassungen, bedürfte einer eigenen Darstellung anhand der Schriften von W. Reich und R. Reiche (z. B. von *D. u. Th. Freyberg,* Zur Kritik der Sexualerziehung, Frankfurt a. M. 1971; *R. Reiche,* Sexualität und Klassenkampf, Frankfurt a. M. u. Hamburg 1971).

2.1.3 Sexualpädagogik dürfe sich nicht in biologischer Aufklärung und/oder in Anleitung zur vorläufigen Enthaltsamkeit und zur grundsätzlichen Beherrschung erschöpfen, sondern müsse hinführen zu einer wirklichen Erfahrung der sexuellen Lust, auf die auch Kinder und Jugendliche ein Recht haben.
2.1.4 Als einzige Bedingungen für gemeinsame sexuelle Erfahrungen werden die Verhinderung der Zeugung eines unerwünschten Kindes und die beiderseitige Zustimmung der Partner bezeichnet.
2.1.5 Die von der heterosexuellen Norm abweichenden Sexualbetätigungen werden ebenfalls als berechtigt angesehen, desgleichen Sexualverkehr mit wechselnden Partnern.
2.1.6 Triebverzicht, Triebaufschub (bei manchen auch: Triebsublimation) werden als schädlich, Triebfreiheit als nützlich sowohl für die psychische Gesundheit des einzelnen als auch für die Humanisierung der gesellschaftlichen Verhältnisse betrachtet. Triebe werden nicht durch moralische Normen, sondern durch Befriedigung von selbst reguliert.
2.1.7 Sexualität wird nicht als statisches Naturphänomen, sondern als soziokulturell vermitteltes Phänomen und damit als veränderbar angesehen.

2.2 Der Lehrer soll die unbewiesenen anthropologischen und wissenschaftstheoretischen Implikationen dieser Richtungen in der Sexualpädagogik explizieren können; er soll aufweisen können, daß in ihr Zielvorstellungen, Entscheidungen, Optionen nicht als solche, sondern als wissenschaftliche Aussagen behauptet werden, d. h. es handelt sich um eine (nachträgliche rationalisierte) Wertentscheidung.[20]

20 *Literatur zu 2.2:*
W. Fischer, Kritik der sexualaffirmativen Geschlechtserziehung der Gegenwart, zugleich ein Beitrag zum Normenproblem in der Sexualpädagogik, in: Fischer (Hg.), Normenprobleme, 160–195; *H. Schelsky*, Soziologie der Sexualität (rororo rde), Reinbek 1955, 72ff. u. 110ff.; *Bauer*, Geschlechtserziehung, 11–15, 37ff., 44ff., 58ff., 67–75, 79–83, 87; *G. Scherer*, Anthropologische Aspekte der Sexwelle, Essen

Zu den unbewiesenen Voraussetzungen gehören vor allem die folgenden:

2.2.1 Sexualität wird als natürliches Grundbedürfnis gesehen, das möglichst unmittelbar befriedigt werden muß. Damit wird entweder die physische Natur selbst zur zwingenden Norm oder eine aus ihr abgeleitete Möglichkeit zur Notwendigkeit (individueller oder gesellschaftlicher Hedonismus).

Diese natürliche oder aus der Natur abgeleitete Bedürfnisstruktur hat zwingenden Charakter – was weder empirisch noch a priori aufgezeigt werden kann. Statt der Emanzipation ersteht eine neue Normierung. Der ungenaue, jedenfalls sehr umfassende Begriff ‚Glück' wird ohne weitere (z. B. psychologische) Reflexion mit sexueller Befriedigung gleichgesetzt.

2.2.2 Die psychischen und gesellschaftlichen Auswirkungen einer sexualrepressiven Moral und Pädagogik sind ebenso wie die Wirkungen einer sexualaffirmativen Moral und Pädagogik nur in *Teilbereichen*, in bestimmten *Einzelheiten* oder *Aspekten* verifiziert. Das Gesagte gilt z. B. für die so oft behauptete Kausalreihe: sexuelle Frustration – autoritärer Charakter, Ich-Schwäche, Aggressivität. Eine *allgemeine* Gesetzmäßigkeit (‚Immer wenn A, dann B' und umgekehrt), eine Gesamttheorie hinsichtlich der Ursachen und Wirkungen im Feld von Sexualität, Person und Gesellschaft ist bislang nicht bewiesen. Aussagen darüber sind entweder Protokollaussagen über einzelnes oder tragen hypothetisch-theoretischen Charakter; als solche können sie keine bestimmte Praxis als die einzig richtige legitimieren.

2.2.3 Bei ungenügender wissenschaftlicher Absicherung wird

1970, bes. 18ff., 64ff., 121ff.; *Bleistein*, Sexualerziehung, bes. 47–75 und 105–122; *I. Kroner*, Genitale Lust im Kulturkonflikt. Tübinger Vereinigung für Volkskunde, Bd. 36, Tübingen 1974.

Zu den wissenschaftstheoretischen Begriffen siehe: *Ströker*, Wissenschaftstheorie, bes. 30–38 u. 68–76; oder: *I. M. Bochenski*, Die zeitgenössischen Denkmethoden (UTB 6), München 1973, bes. 61–67 u. 104–112.

Zum positivistischen wissenssoziologischen Ideologieverständnis siehe z. B. *H. R. Schlette*, Philosophie – Theologie – Ideologie. Erläuterungen der Differenzen, Köln 1968, 42–68.

über Menschen neu verfügt, da sie wieder obersten Normen dienstbar gemacht werden, die aber nicht als solche durchschaut und bezeichnet werden, weil sie vom Befreiuungspathos verdeckt werden. Hierbei werden andere mögliche Normen ignoriert oder denunziert. Es wird entgegen dem eigenen Anspruch gerade nicht kritisch vorgegangen, sondern dogmatisch. Trotz verbaler Behauptung von Rationalität werden einseitige Begriffe von Natur, Bedürfnis, Lust vorausgesetzt und damit faktisch als Gegenvernunft etabliert.

2.2.4 Der durch solche Sexualtheorie und -praxis zusätzlich oder neu stimulierte und manipulierte Bedürfnischarakter der Sexualität wird nicht als solcher erkannt, sondern als natürlich oder vernünftig oder human ausgegeben.

2.2.5 Die vermutlich wichtigste soziologische Funktion der Sexualität (die bereits bei höheren Säugern aufzutreten beginnt und die ferner von höchster seelischer Bedeutung ist): partnerschaftliche und soziale Bindung, wird nicht gesehen oder nicht gewertet; falls sie gesehen wird, wertet man sie als gesellschaftliche Repression von vornherein oder mit Unterstützung von nur partiell zutreffenden Beobachtungen ab.

2.2.6 Zwischen Triebunterdrückung und bloßer Aufklärung einerseits und der Aufforderung zu früher, häufiger und u. U. wechselnder Sexualbetätigung anderseits liegt ein weites Feld der Erziehung zu leibfreundlicher, affektiver, sozialer und erotischer Kultur als Voraussetzung und Kontext sexueller Betätigung. Dieses Feld wird in den üblichen modernen Auffassungen reduziert auf die bloße Zustimmung der Sexualpartner zu ihrer Betätigung.

2.2.7 Die Möglichkeiten einer existentiellen Frustration des menschlichen Bedürfnisses nach Sinn, einer Entwürdigung des anderen und des eigenen Selbst als Konsumobjekt, von Schädigungen durch die Unfähigkeit, sich binden zu können, einer Verdrängung von Schuld und Verantwortung werden nicht wahrgehabt. Psychologische, tiefenpsychologische, ethologische Erkenntnisse und philosophische Reflexion werden ausgeblendet. Diese Ausblendung gibt sich oft positivistisch, ist dennoch gerade vom positivistischen Ideologiebegriff als ideologisch zu erklären; denn sie will sich auf Fakten gründen, behauptet aber generell deren normative Kraft, ohne diese mit der Wissenschaft von diesen Fakten verbindlich machen zu können. Zwischen der Behauptung der Naturnotwendigkeit von Bedürfnisbefriedigung und der Behauptung einer nur kulturell verfügbaren und veränderten Sexualität beim Menschen besteht ein Widerspruch.

2.3 Der Lehrer soll verstehen, daß die Kritik seitens der neuen Sexualmoral und -pädagogik von vielen heute als berechtigt angesehen wird und deren Ziele als Befreiung empfunden werden, weil traditionelle bürgerliche und volkskirchliche Maximen einige reale Probleme der Sexualität ignorierten und sich von einer verborgenen Diffamierung der Sexualität nicht lösen konnten.[21]

Zu diesen ungelösten Problemen und Abwertungen gehören folgende:

2.3.1 Die Beschränkung der Sexualpädagogik auf reine *Aufklärung* (die zudem oft mehr mystifizierte, ‚verklärte' als informierte) und auf *Bewahrung* vor Unreinheit, Laster, Sünde.

2.3.2 Die Festsetzung eines nach juristischem Modell gefaßten Zeitpunktes (= Eheschließung), von dem an das sexuell erlaubt und geboten ist, was bis dahin verboten war – ohne Berücksichtigung einer kontinuierlichen Entwicklung physischer, psychischer und sozialer Verhaltensweisen. Erschwerend kommt in der Neuzeit für die meisten die Unmöglichkeit hinzu, in der Phase der größten sexuellen Appetenz eine Ehe einzugehen.

21 *Literatur* zu 2,3:
J. van Ussel, Sexualunterdrückung. Geschichte der Sexualfeindschaft (rororo Sexologie), Reinbek 1970; *J. T. Noonan*, Empfängnisverhütung. Geschichtliche Beurteilung in der katholischen Theologie und im kanonischen Recht. Walberberger Studien, Theol. Reihe Bd. 6, Mainz 1969; *Reuß*, Familienplanung; *Pfürtner*, Kirche, bes. 20–90 u. 106–161. Dort weitere Literatur.
Aus psychoanalytischer Sicht siehe die seriöse Kritik an traditionellen Sexualauffassungen bei *T. Brocher*, Psychosexuelle Grundlagen der Entwicklung, Informationen für Lehrer und Eltern, Opladen 1971 (z. B. 55 und 75).

2.3.3 Die psychisch verhängnisvolle und ethisch so nicht zu rechtfertigende unterscheidungslose Verurteilung der Masturbation und anderer sexueller Übergangsformen.
2.3.4 Die Abwertung der Lust, die in der abendländischen Geistesgeschichte eine lange und wirksame Tradition besitzt (Neuplatonismus, Gnosis, Manichäismus, Augustinus, Rationalismus, Kant usw.), so daß Lust als etwas in sich Schlechtes oder als ein Mittel betrachtet wurde, das sich erst durch einen höheren Zweck rechtfertigen muß.
2.3.5 Die früher allgemein verbreitete katholische Lehre, daß im sexuellen Bereich jede Sünde der Sache nach eine schwere ist (‚materia per se gravis in sexto praecepto'), die nur bei einer Beeinträchtigung des Erkenntnis- oder Willensvermögens des Sünders eine mildere Beurteilung erlaubt. Diese Lehre ist mit theologischen Argumenten schwerlich zu beweisen; sie entwürdigt eine Unzahl von Menschen, die sich nur durch Erkenntnis- oder Willensdefekte dem Zustand der ‚Todsünde' enthoben wissen. Auch die lutherische Auffassung von der ‚Begierde' des Menschen als Sündhaftigkeit und die Lokalisierung der Begierde vornehmlich in der sexuellen Lust trug in ähnlicher Weise zur negativen Besetzung des Geschlechtlichen (trotz der im übrigen positiven Wertung der Ehe im reformatorischen Christentum) bei.
2.3.6 Der ‚biologistische' Naturbegriff in der Sexualmoral, der am deutlichsten in Erscheinung tritt im Verbot jeder ‚nicht natürlichen' Empfängnisverhinderung (Enzyklika ‚Humanae Vitae' 1968), wobei die normierende Bedeutung dieser ‚Natürlichkeit' in der katholischen Tradition auf den erkennbaren Schöpferwillen Gottes zurückgeführt wird. Die gleiche normsetzende Natürlichkeit ist aber auch in naturalistischen Weltanschauungen und im politischen Denken wirksam (vgl. die Ablehnung der Geburtenkontrolle durch China auf der Weltbevölkerungskonferenz in Bukarest 1974).
2.3.7 Die ‚ideologischen' (im Sinne der Wissenssoziologie, die analoge Beobachtungen auch bei Aussagen anderer Gruppen wie Ärzte, Offiziere, Lehrer, Beamte anstellen kann) Implikationen und Bedingungen der katholischen Sexualmoral: Moraltheolo-

gen und Amtsträger sind als Ehelose der Gefahr ausgesetzt, geschlechtliche Enthaltsamkeit zur unbewußten Rechtfertigung ihres eigenen moralischen und gesellschaftlichen Standortes höher zu bewerten, als sie sachlich zu begründen ist; in der entgegengesetzten Gefahr steht mancher evangelische Ethiker. Auch die Bekämpfung des Zölibats hat oft genug ideologischen Charakter. Die Verschränkung von äußerer Institution mit Gewissensbeeinflussung wirkt systemerhaltend, wobei die Abhängigkeit eines schlechten Gewissens von einer dieses beherrschenden Autorität wohl eher ein nicht selten vorkommender tiefen- und sozialpsychologischer, unbewußt wirkender Zusammenhang als eine bewußte Ausnutzung und Unterdrückung (wie in populärer Literatur über sexuelle und politische Repression behauptet) seitens der Autoritätsträger ist.

2.4 Der Lehrer soll die in der überlieferten katholischen Moraltheologie und Seelsorge enthaltenen anthropologischen und wissenschaftstheoretischen Voraussetzungen durchschauen und ihre gegenwärtige Tragfähigkeit zur Begründung einer Moral beurteilen können.[22]

2.4.1 Das kirchliche Lehramt, das moralische Bewußtsein in der Kirche und die wissenschaftliche Moraltheologie gewinnen ihre Erkenntnisse aus verschiedenen Quellen, deren Verhältnisbestimmung äußerst heikel ist. Einmal schöpfen sie aus den biblischen Aussagen über das christliche Sollen, wobei es in manchen Fällen schwierig ist, das nur zeitbedingte Sollen vom Immer-

[22] *Literatur* zu 2.4:
Frankena, Analytische Ethik, bes. 71ff. und 122f. Hier finden sich auch verständliche Definitionen und Erklärungen der genutzten Begriffe „deontologisch"; „teleologisch", „prima-facie-Regel"; *Schüller,* Begründung, bes. ab 139; *A. Hertz* (Hg.), Moral (Grünewald Materialbücher 4), Mainz 1972, bes. 13–33, 180–225; *Böckle,* Theonomie, bes. 81ff.; *K. W. Merks,* Zum moraltheologischen Anspruch kirchlicher Autorität, in: H. J. Türk (Hg.), Autorität (Grünewald Materialbücher 5), Mainz 1973, 239–252; *F. Böckle,* Die Kirchen und die sexuelle Emanzipation der Jugend, in: A. Groß u. St. Pfürtner (Hg.), Sexualität und Gewissen, Mainz 1973 134–140, bes. 137f.
Siehe auch die in Anm. 21 genannten Arbeiten.

gültigen zu unterscheiden, das am Beispiel gezeigte Sollen zu verallgemeinern (Gewaltlosigkeit, Eidverbot u. a. m.). Zum anderen bildet die gelebte und als richtig geglaubte Praxis in der Kirche eine unmittelbare Erkenntnisquelle, die aber ebensowenig wie die biblische frei ist von relativen, zeitverhafteten und unvollkommenen Bestandteilen. Einerseits normiert und korrigiert das biblische Ethos die bis heute überlieferte Moral, anderseits realisiert und modifiziert die jeweilige Gegenwart die biblischen Forderungen. Dieses wechselseitige Verhältnis ist bis heute nur im Prinzip und in einigen Einzelfragen geklärt, aber noch nicht umfassend und eindeutig formuliert worden. Zudem hat das außerordentliche kirchliche Lehramt bis heute noch keine mit Unfehlbarkeitsanspruch formulierte sittliche Lehre vorgelegt, so daß trotz vieler ‚ordentlicher' und offizieller Lehraussagen Unsicherheiten bleiben. Vgl. den Beitrag von B. Mattes.

2.4.2 Das Lehramt und die Theologie gewinnen nicht nur aus der biblischen Offenbarung (‚übernatürliche Quellen' = 2.4.1) ihre Erkenntnisse, sondern im Unterschied zu vielen evangelischen Ethikern auch aus der mit natürlichem Verstand betrachteten Struktur der Schöpfungswirklichkeit (‚Natur des Menschen'). Wegen der Erbsündlichkeit des Menschen sind aber auf diesem Wege sowohl die Einsicht als auch die Befolgung dieser sittlichen Einsichten geschwächt. Eine auf natürlichen Erkenntnissen beruhende philosophische Ethik ist somit Bestandteil der kirchlichen und theologischen Lehre. Allerdings ist die vom Lehramt wahrgenommene Kompetenz in der ‚natürlichen Sittlichkeit' (und nicht nur in der Auslegung von Bibel und Tradition) theologisch nicht unbestritten bzw. ihr Gewißheitsgrad umstritten.[23] Ebenso unentschieden ist die Frage, ob die christliche Ethik inhaltlich (nicht nur in ihrer Begründung und Motivation) über die natürliche Sittlichkeit hinausgeht, etwas ‚spezifisch Christliches' enthält oder lediglich nur die Konkretisierung und Erfüllung natürlich-menschlicher Sittlichkeit darstellt.[24]

23 *Elsässer*, Ordnung, 35–44.
24 Siehe Anm. 12.

2.4.3 Das Überwiegen ‚deontologischer' Argumentation (d. h. einer Prinzipienethik, die als solche ungeachtet der Folgen gilt, z. B.: Der eheliche Akt muß immer ‚naturgemäß' sein), wo ‚teleologische' (d. h. das Abwägen der Auswirkungen eines Handelns, z. B. eines immer ‚zeugungsoffenen', ‚natürlichen' ehelichen Verkehrs) angebracht wäre. Damit werden psychische, biologische, gesellschaftliche Fakten unterbewertet; abstrakte, deduktive, apriorische Prinzipien werden überbewertet – es geht nicht mehr um den konkreten Menschen.[25]
2.4.4 Diese Wertungen und Prinzipien (z. B.: Jede sexuelle Verfehlung ist schwere Sünde, jeder eheliche Akt muß naturgemäß sein, sexuelle Lust ist nur in der Ehe erlaubt) ermangeln zum Teil biblischer Begründung und/oder philosophischer Argumentation bzw. Evidenz. Sie erklären sich aus bestimmten philosophiegeschichtlichen und/oder gesellschaftlichen Einflüssen. Sie sind trotzdem zeitweise oder auch immer wieder in der Kirche zwar nicht mit dem Anspruch der Unfehlbarkeit, wohl aber authentisch und offiziell mit dem Anspruch auf Gewissensgeltung eingeschärft worden (vgl. auch die Veränderungen in den Lehren über: Gehorsam der Sklaven, Unterordnung der Frau, Züchtigungsrecht des Vaters, Zinsverbot, Todesstrafe, Pollutio nocturna u. a. m.). Die häufig feststellbare Unstimmigkeit zwischen dem hohen Grad der auferlegten Verpflichtung und dem niedrigen Gewißheitsgrad der Argumentation ist auffällig.
2.4.5 Trotz der grundsätzlichen Ablehnung extrem dualistischer und leibfeindlicher Lehren in der Bibel und in der Dogmengeschichte bleibt ein falscher sittlicher Dualismus in der Kirche wirksam: Die Geistseele als das eigentlich Menschliche ist gut, muß herrschen – der Leib als das Animalische und Materielle ist schlecht, muß beherrscht werden, hat keine eigene Dignität.
2.4.6 Juridisches Denken (Verbotsethik im Negativen, Erfüllungsethik im Positiven – nach dem Modell von Gesetzen) hat andere mögliche und nötige Formen von ethischer Normierung

[25] Siehe Anm. 10.

verdrängt (‚Zielethik‘ im Sinne der Bergpredigt, des Liebesgebotes, der ‚Verantwortungsethik‘ im Sinne von Max Weber oder theologischer Argumentation, ‚prima-facie-Regeln‘).

2.5 Der Lehrer soll sich das Resultat der bisherigen Philosophie- und Wissenschaftsgeschichte bewußt machen: Eine systematische, deduktive philosophische Ethik ist in ihren Letztbegründungen und damit in ihrer Geltung weder evident zu machen noch empirisch zu verifizieren. Auch wenn sie in sich stimmig sein sollte, mündet sie in folgende Schwierigkeiten:[26]

2.5.1 Eine ‚Wertethik‘, intuitionistisch (d. h. durch Wesenseinsicht in die sittlichen Werte) begründet, bleibt unscharf, vermittelt keine konkreten Handlungsanweisungen. Wo sie dies zu leisten vorgibt, scheint sie den Bereich einer subjektiven Begründung und Verpflichtung nicht zu überschreiten („für mich ist dieser Wert höher als der andere“).

2.5.2 Eine deontologische Prinzipienethik ohne Rücksicht auf Folgen und Umstände ist angesichts der komplexen Verflechtungen sittlicher Situationen heute nicht mehr nachvollziehbar (z. B. ‚Jeder voreheliche Verkehr ist sittlich unzulässig‘).

2.5.3 Ob aus einem Sein (einer Ontologie) ein Sollen sich ergibt, bleibt philosophisch strittig, selbst unter katholischen Ethikern (z. B. in der katholischen Rezeption der phänomenologischen Wertlehre); auch bei Bejahung dieser Frage ist das Sein, d. h. die Natur des Menschen, nicht so endgültig und eigentlich festge-

[26] *Literatur* zu 2.5:
Schlette, Aporien, 63–78; *D. Mieth*, Eine Situationsanalyse aus theologischer Sicht, in: Hertz, Moral, 13–23; *G. Patzig*, Ethik ohne Metaphysik (Kleine Vandenhoeck-Reihe), Göttingen 1971, 32–100, bes. 61 u. 90, die Ausführungen über die Unbeweisbarkeit. Siehe auch *Frankena*, Analytische Ethik, u. *Kaulbach*, Metaethik, passim.
Einen systematischen Überblick über die Geschichte der Ethik: *H. H. Schrey*, Einführung in die Ethik, Darmstadt 1972.
Zum Neuen Testament siehe: *H.-D. Wendland*, Ethik des Neuen Testaments. Eine Einführung, Göttingen 1970; *J. Blank*, Zum Problem ethischer Normen im Neuen Testament: Concilium 3 (1967) 356–362; *J. Gründel / H. van Oyen*, Ethik ohne Normen? Zu den Weisungen des Evangeliums, Freiburg i. B. 1970.

legt, daß sich daraus unzweideutige Imperative für alle Situationen ergäben (der Mensch als das 'nicht festgestellte Tier', so Nietzsche, Gehlen, Portmann u. a.).
2.5.4 „Aus der Theonomie ergeben sich per se auch keine ethischen Normen, durch die eine bestimmte Verhaltensweise ausnahmslos geboten oder verboten wird, gleichgültig, was die Folgen im Einzelfall sein mögen."[27]
2.5.5 Auch aus dem Neuen Testament läßt sich kein überzeitliches, jenem konkreten Handeln eine sittliche Qualität zuweisendes System derEthik entnehmen, sondern nur Handlungsimpulse, Modelle des Verhaltens, ehtische Leitlinien, Maximen, sittliche Ziele, deren Zusammenfassung in ein kohärentes ethisches System, das *die* ‚Ethik Jesu' wiedergibt, zwar schon versucht wurde (z. B. in der neuscholastischen, auf dem Gedanken des ‚Gesetzes' aufgebauten Moraltheologie), aber bis heute nicht überzeugend gelungen ist.[28]

2.6 Der Lehrer soll erkennen, daß auch bei unterschiedlichen Ansätzen für die theoretische Begründung des Sittlichen wichtige Normierungen in der Weise einer ‚Zielethik' aus der Bewußtseinsgeschichte der Menschheit und aus jetzt auszuhandelnden Optionen zu gewinnen sind, besonders aus solchen Folgen der Handlungen, die empirisch aufweisbar sind (das heißt: aufgrund geschichtlicher schlimmer Erfahrungen und beim jetzigen Stand unserer Bewußtseinsentwicklung können wir bestimmte Verhaltensweisen nicht mehr wollen bzw. müssen wir andere verlangen). Dazu zählen folgende Normierungen:[29]
2.6.1 Ohne Triebaufschub, ohne Verlagerung von Objekt und Richtung des Triebes, ohne Frustrationstoleranz gibt es keine humane Sozialkultur. Diese Strukturierung der Triebe gelingt allerdings gewöhnlich und befriedigend nur auf der Grundlage einer substantiellen Befriedigung von Triebpotential.[30]

27 *Böckle*, Theonomie, 81.
28 Vgl. Anm. 12.
29 Vgl. Anm. 13.
30 Siehe dazu die bekannte Literatur aus der psychoanalytischen Richtung, z. B. *Brocher*, Psychosexuelle Grundlagen.

2.6.2 Lustgewinn ist kein isoliertes Phänomen, sondern eingeordnet in die Funktionen von Partnerbindung, Fortpflanzung u. a.; die beiden zuletzt genannten Funktionen sind aber nicht immer wesensnotwendig verbunden.[31]

2.6.3 Mögliche (nicht immer unumgängliche) Durchgangsphasen von narzißtischer oder homoerotischer Sexualität können als solche nicht ethisch einfach disqualifiziert werden; ihre Fixierung und Regredierung muß aber nach Möglichkeit pädagogisch verhindert werden, da in solchen Verhaltensweisen keine stabile und sinnvolle Erfüllung von Sexualität gesehen werden kann – auch wenn wegen biographischer Determinanten in vielen Fällen vertretbare Ersatzhandlungen ethisch zu tolerieren sind.[32]

2.6.4 Zwischen der Latenzphase und der vollen sexuellen Erfüllung in einer Dauerbeziehung (im Normalfall Ehe) muß eine Übergangsphase der Hinführung zu erotischer Kultur (Zärtlichkeit, körperliche Kontaktfähigkeit und Distanzfähigkeit für seelische Einstellungen und Vorgänge, Verantwortungsbewußtsein) ermöglicht und pädagogisch angeleitet werden. Petting und vorehelicher Geschlechtsverkehr bedürfen je nach individueller und sozialer Situation einer sehr differenzierten Bewertung.[33]

2.6.5 Information über Sexualität (nicht von der Fortpflanzungsfunktion, sondern von der Partnerbindung ausgehend), in den Grundzügen bereits in der Vorschulphase abgeschlossen, ist notwendige, aber nicht hinreichende Bedingung für Sexualpädagogik, die sich auch auf emotionaler, ethischer und körperlicher Ebene abspielen muß.

2.6.6 Ein anthropologischer Dualismus (sei es mit rationalistischer, sei es mit biologistischer Akzentuierung) ist mit unserem Kenntnisstand nicht mehr vereinbar. Es geht immer 1. um die Ganzheit des Menschen und 2. um die Strukturierung dieser

31 *Schelsky,* Soziologie, 72ff., und *G. H. Neumann,* Moral und Verhaltensforschung, Der Mensch und seine ethischen Normen, Essen 1974, 83–91; *Bauer,* Geschlechtserziehung, passim.

32 *Brocher,* Psychosexuelle Grundlagen, bes. 68–82.

33 So bereits in: Ehe und Familie, Pastorale 2, Mainz 1973, 16 f.; *Pfürtner,* Kirche, 36ff., 226–242; Elsässer, Ordnung, 83–100.

Ganzheit, nicht um Herrschaft oder Unterwerfung eines Teils.
2.6.7 Ziel muß sein die Entfaltung und Ausformung der Liebesfähigkeit, die keine absolute Selbstlosigkeit, aber auch keine Instrumentalisierung des Partners ist,[34] die weder platonisch-idealistisch noch naturalistisch-irrational, sondern integrativ ist. Diese Liebe ist kein Modell für *alle* gesellschaftlichen Beziehungen, aber eine Voraussetzung dafür, daß gesellschaftliche Beziehungen nicht als Kompensation für nicht gelungene Liebesbeziehungen genommen werden (Machtgenuß, Berufsrevoluzzertum usw.).
2.6.8 Sexualethik läßt sich nur als eine zielorientierte Ethik verstehen, die mit einem Minimum an deontologischen Prinzipien auskommt (dazu gehören: Jedes menschliche Leben hat einen unantastbaren Selbstwert; die Person ist nicht nur Mittel zum Zweck, sondern auch Selbstzweck; Gewaltanwendung ist zu minimieren auf das rational begründbare Maß; Sprache hat der Kommunikation zu dienen; Sexualität ist in das Ganze einer Dauerbeziehung zu integrieren usw.), im übrigen aus empirisch beobachtbaren Folgen von Verhaltensweisen argumentiert.[35]

[34] Siehe dazu *W. Korff*, Norm und Sittlichkeit. Untersuchungen zur Logik der normativen Vernunft, Mainz 1973, 76–101.

[35] In die hier gezeigte Richtung weisen auch Bücher wie: *Elsässer*, Ordnung (trotz einiger nicht konsequenter Folgerungen in Theorie und Praxis); *Pfürtner*, Kirche (trotz nicht befriedigender Begrifflichkeit und Begründung mancher Aussagen); *H. Erharter / H. J. Schramm* (Hg.), Humanisierte Sexualität; Partnerschaftliche Ehe – Erfüllte Ehelosigkeit, Wien 1971; *E. Ell*, Grundlagen der Erziehung zu Partnerschaft und Ehe, Limburg 1968; *Leist, Angst* (ohne theologische Argumentation). Aus nichtkatholischer Sicht: *H. Scarbath*, Geschlechtserziehung, Heidelberg [2]1969; *L. Rössner*, Kultivierung der Geschlechtsbeziehungen, Neuwied u. Berlin 1968; *Bauer*, Geschlechtserziehung.

Gerd-Heinrich Neumann und Wilhelm Tünte

Verhaltensbiologische und humangenetische Grundlagen menschlicher Sexualität

1. Begründungszusammenhang

In der Ausbildung der Biologielehrer wird der gesamte Bereich der Humanbiologie nur unzureichend berücksichtigt. Wie aus Untersuchungen von Schroer (1973)[1] und Hellmann (1975)[2] hervorgeht, bietet kaum eine Universität, Gesamthochschule oder Pädagogische Hochschule ein auch nur einigermaßen befriedigendes Lehrangebot an. Besonders die auch für das Verständnis menschlicher Sexualität so wichtigen biologischen Teildisziplinen, wie vergleichende Verhaltensforschung und Humangenetik, fehlen in der gegenwärtigen Lehrerausbildung fast ganz. So boten im Zeitraum von WS 1972/73 bis SS 1974 von 32 wissenschaftlichen Hochschulen, die Sekundarstufenlehrer I ausbilden, nur 7 humangenetische und 3 verhaltensbiologische Vorlesungen an (Hellmann 239).
Es muß also auch in der Lehrerfortbildung davon ausgegangen werden, daß selbst Schulbiologen auf dem Gebiet der biologischen Grundlagen menschlicher Sexualität aus verhaltensbiologischer und humangenetischer Sicht einen erheblichen Informationsrückstand besitzen.
Wir haben uns deshalb entschlossen, neben den im folgenden formulierten Lerninhalten und Lernzielen jeweils einige wenige, aber für den Lehrer auch relativ leicht verstehbare Literaturangaben zu machen. Sie bieten die Möglichkeit, sich eingehender mit Inhalten und Aussagen der Verhaltensforschung und Humangenetik zu beschäftigen. Im allgemeinen wird auf das Studium dieser Bücher wohl nicht verzichtet werden können. (Die Nummern beziehen sich auf die Angaben im Literaturhinweis am Ende des Beitrags.)

2 Menschliche Sexualität aus verhaltensbiologischer Sicht

2.1 Das Menschenbild der Verhaltensforschung

Lerninhalt	*Lernziele*
Der Mensch als Natur- und Kulturwesen. Näheres siehe Literaturhinweis:	Der Lehrer soll wissen, daß menschliches Verhalten von biologisch bedingten Dispositionen und von freien verantwortlichen Willensentschlüssen gesteuert wird,
3: 452–540	wissen, daß menschliche Verhaltensketten aus angeboren und erworbenen Gliedern zusammengesetzt sind,
5: 45f.	den Begriff Verhaltensreaktionsbreite kennen und Beispiele dafür aus dem
5: 114–116	menschlichen Sexualverhalten benennen können,
	wissen, daß die erworbenen Verhaltensanteile in menschlichen Verhaltensketten durch Veränderung der Umwelt auf andere Weise beeinflußbar sind als die angeborenen,
	wissen, daß auch die angeborenen Verhaltensanteile weitgehend durch Erziehung beeinflußbar sind.

2.2 Bedeutung der Geschlechtlichkeit für das Sozialleben des Menschen

Lerninhalt	*Lernziele*
Methode und Bedeutung verhaltensbiologischer Sexualforschung. 5: 1–74	Der Lehrer soll wissen, daß die vergleichende Humanethologie durch das Studium taubblind geborener Kinder und vergleichende Untersuchungen tierischen und menschlichen Sozialverhaltens teilweise Aufschluß geben kann über angeborene und erworbene Anteile im menschlichen Sexualverhalten,

Lerninhalt	*Lernziele*
	Einsicht in die Bedeutung dieser Erkenntnisse für das Verständnis menschlicher Sexualität gewinnen,
Ergebnisse verhaltensbiologischer Sexualforschung. 7: 145–164	Kenntnis angeborener und erworbener Grundlagen menschlichen Sexualverhaltens besitzen,
Instinktgebundenheit sexueller Verhaltensweisen. 5: 77f.	sexuelle Schlüsselreize kennen und wissen, daß Menschen auf auslösende Reizkombinationen reagieren können,
	wissen, daß die Instinktgebundenheit zu Konfliktsituationen führen kann,
Angeborenes und Erworbenes im geschlechtsspezifischen Verhalten. 5: 80f.	Kenntnisse vom geschlechtsspezifischen Verhalten von Frau und Mann haben,
	wissen, daß es auch im geschlechtsspezifischen Verhalten von Frau und Mann ererbte und tradierte Verhaltensanteile gibt,
Ritualisierung menschlichen Geschlechtsverhaltens. 7: 154–164	den Begriff ‚Ritualisierung' kennen und wissen, daß menschliches Geschlechtsverhalten weitgehend ritualisiert ist,
Der soziale Bezug menschlicher Sexualität. 5: 87f.	begründen können, daß und weshalb im sexuellen Verhalten der Mensch eine Sonderstellung einnimmt,
Trennbarkeit von geschlechtlicher Vereinigung und Fortpflanzung. 5: 83f. 7: 145f.	Der Lehrer soll wissen, daß im Tierreich Paarung, Befruchtung und Reproduktion häufig voneinander getrennt sind,
	Kenntnis haben, daß bei Ciliaten die Paarung nicht im Dienst der Repro-

Lerninhalt	*Lernziele*
	duktion steht, sondern dem Zustandekommen einer genetischen Vielfalt dient und beim Mantelpavian reine Bindungskopulationen vorkommen, darüber informiert sein, daß es auch beim Menschen vereinzelt ungeschlechtliche Fortpflanzung, also Reproduktion ohne Paarung gibt (Entstehung identischer Mehrlinge), begründen können, weshalb Paarung und Fortpflanzung bei Tier und Mensch auch unabhängig voneinander auftreten können.
Multifunktionalität der geschlechtlichen Vereinigung beim Menschen. 5: 85f.	Kenntnis darüber besitzen, daß viele Lebensprozesse multifunktional sind, begründen, weshalb die geschlechtliche Vereinigung beim Menschen der Reproduktion und der Partnerbindung dient, wissen, daß die geschlechtliche Vereinigung beim Menschen teilweise ritualisiert ist, also neben der Funktion der Reproduktion die zusätzliche Bedeutung der Partnerbindung erhalten hat, wissen, daß Partnerbindung und Reproduktion sich ein und desselben Mittels, nämlich der geschlechtlichen Vereinigung bedienen,
Hypersexualität des Menschen wird in den Dienst der Partnerbindung gestellt. 5: 86f. 7: 145f.	informiert sein darüber, daß es wahrscheinlich nur beim Menschen den Orgasmus im weiblichen Geschlecht gibt, wissen, daß nur beim Menschen eine Alterssexualität vorhanden ist,

Lerninhalt	*Lernziele*
	begründen können, weshalb Orgasmus im weiblichen Geschlecht und Alterssexualität ausschließlich im Dienst der Partnerbindung stehen.

3 Menschliche Sexualität aus humangenetischer Sicht

Lerninhalt	*Lernziele*
Entstehung normaler Geschlechtsunterschiede. 10: 15f. und 57f. 11: 10f. und 43f.	Der Lehrer soll darlegen können, daß der Mensch 46 Chromosomen hat, von denen jeweils zwei als Geschlechtschromosomen (ein X- und ein Y-Chromosom oder zwei X-Chromosomen) bezeichnet werden, angeben können, daß ein X- und ein Y-Chromosom die Entwicklung männlicher Keimdrüsen (Hoden) und zwei X-Chromosomen die Entwicklung weiblicher Keimdrüsen (Eierstöcke) bewirken, angeben können, daß Hormone bei der Differenzierung der männlichen und weiblichen Geschlechtsorgane eine wichtige Rolle spielen, beschreiben können, daß das genetische Geschlecht eines Menschen mit Hilfe einfacher Methoden (z. B. Haarwurzeltest oder Abstrich von der Wangenschleimhaut) oder durch eine Chromosomenuntersuchung festgestellt werden kann, einige biologisch bedingte Unterschiede zwischen Mann und Frau nennen können (Unterschiede in Körperhöhe, Knochenbau, Muskelstärke).

Lerninhalt	*Lernziele*
Ursachen gestörter Geschlechtsentwicklung. 11: 45 10: 54f.	Der Lehrer soll angeben können, daß vor allem Chromosomenstörungen als Ursachen von Geschlechtsanomalien in Frage kommen, angeben können, daß bei Unfruchtbarkeit eine Chromosomenuntersuchung zur Abklärung der Diagnose beitragen kann, darlegen können, daß Erbfaktoren bei der Entstehung von Homosexualität und Transsexualimus keine klar erkennbare Rolle spielen, darlegen können, daß für die Entstehung von Homosexualität vermutlich Prägungsvorgänge in der frühen Kindheit von Bedeutung sind.
Erbfaktoren und Fortpflanzung 10: 33f. 11: an diversen Stellen	Der Lehrer soll ableiten können, daß es eineiige (= erbgleiche) und zweieiige (= erbverschiedene) Zwillinge gibt, angeben können, daß für die Entstehung zweieiiger Zwillinge neben erblichen Einflüssen vor allem das Alter der Mutter von Bedeutung ist, während die Ursachen eineiiger Zwillingsbildung unbekannt sind, angeben können, daß bisher kein sicherer Anhalt für erbschädigende Wirkungen von Ovulationshemmern besteht, angeben können, daß rd. 15 % aller erkennbaren Schwangerschaften durch eine spontane Fehlgeburt beendet werden,

Lerninhalt	*Lernziele*
	darlegen können, daß etwa 30 % aller spontanen Fehlgeburten auf Chromosomenstörungen beruhen, angeben können, daß eine Chromosomenuntersuchung bei den Eltern vor allem dann angezeigt ist, wenn bereits mehrere spontane Fehlgeburten vorgekommen sind, angeben können, daß auf 100 Neugeborene 1–2 Kinder mit äußerlich erkennbaren Fehlbildungen kommen, angeben können, daß unter 200 Neugeborenen im Durchschnitt 1 Kind mit einer Chromosomenstörung beobachtet wird, ableiten können, daß auch nur einmal in der Familie vorkommende Krankheiten erblich sein können und anderseits mehrfach in einer Sippe auftretende Störungen nicht erblich sein müssen.
Bedeutung der Erbberatung für Ehe- und Familiengründung. näheres siehe 8	Der Lehrer soll erklären können, was man unter einer Erbberatung versteht,
	die wichtigsten Schritte im Ablauf einer Erbberatung beschreiben können (Aufstellen eines Stammbaums, Diagnose des Krankheitsbildes, Mitteilung und Erläuterung des Erbrisikos),
näheres siehe 9	sich mit Hilfe von Münzenwerfen einen Eindruck davon verschaffen, daß Erbrisiken von 25 % (rezessiver Erbgang) und 50 % (dominanter Erbgang) hohe Risiken sind,

Lerninhalt	*Lernziele*
näheres siehe 8 und 9	erläutern können, daß die Frage, ob man sich nach einem kranken Kind noch ein weiteres Kind wünschen soll, nicht nur von der Höhe des Risikos, sondern auch von der Schwere des jeweiligen Krankheitsbildes und von der Dauer der Belastung abhängt, angeben können, daß das Erbrisiko für Kinder aus einer Vetter-Basen-Ehe in der Regel nicht so groß ist, daß man deswegen von solch einer Ehe abraten müßte,
näheres siehe 10: 49f.	darlegen können, daß einige Chromosomenstörungen, wie z. B. der Mongolismus, mit zunehmendem Alter der Mutter häufiger wird.
Einstellung zu hohem Erbrisiko näheres siehe 8, 9, 10	Der Lehrer soll Schülern einsichtig machen können, ob es verantwortungslos sein kann, trotz Kenntnis eines hohen Erbrisikos noch ein Kind zu zeugen, erörtern können, ob eine freiwillige Sterilisierung gutgeheißen werden kann, wenn man wegen eines hohen Erbrisikos kein Kind mehr haben will, über das Verfahren der Adoption (im Falle eines Verzichts auf eigene Kinder) Auskunft geben können, wissen, weshalb es wünschenswert ist, ein Kind möglichst frühzeitig zu adoptieren, die Vor- und Nachteile der künstlichen Insemination mit Spendersamen (z. B.

Lerninhalt	*Lernziele*
	im Vergleich zur Adoption) abwägen können.
Vorgeburtliche Diagnose von Erbkrankheiten; genetische Indikation zum Schwangerschaftsabbruch. 10: 113f. 10: 113f.	Der Lehrer soll erläutern können, daß man alle Chromosomenstörungen, einige erbliche Stoffwechselkrankheiten und einige schwere Mißbildungen des ZNS bereits beim ungeborenen Kind feststellen kann, angeben können, daß für solch eine vorgeburtliche Diagnose etwa $10\ cm^3$ Fruchtwasser während der 14. bis 16. Schwangerschaftswoche entnommen werden müssen, darlegen können, weshalb eine vorgeburtliche Diagnose vor allem dann in Frage kommt, wenn bereits ein Kind mit einer Chromosomenstörung geboren wurde oder wenn eine Frau im Alter von über 40 Jahren noch ein Kind erwartet, angeben können, daß das Risiko, das die Schwangere oder das Kind bei dem Eingriff geschädigt werden, etwa 1 bis 2 % beträgt und damit etwa in gleicher Höhe wie das Wiederholungsrisiko für Mongolismus liegt, erläutern können, warum aus der gesetzlichen Freigabe des Schwangerschaftsabbruchs nicht auf dessen sittliche Erlaubtheit geschlossen werden darf.

Literaturangaben zu 1.

1. *W. Hellmann,* Zur Frage ausreichender Berücksichtigung der Humanbiologie im Rahmen der Lehrerausbildung für die Sekundarstufe I: Der mathematische und naturwissenschaftliche Unterricht 28 (1975) 238–240.
2. *W. D. Schroer,* Zur unzureichenden Ausbildung von Biologielehrern im Bereich der Humanbiologie. Aspekte eines qualitativen Ausbildungsnotstandes: Der mathematische und naturwissenschaftliche Unterricht 26 (1973) 472–477.

Literaturangaben zu 2.

3. *J. Eibl-Eibesfeld,* Grundriß der vergleichenden Verhaltensforschung, München [4]1974.
4. *B. Hassenstein,* Verhaltensbiologie des Kindes, München 1973.
5. *G. H. Neumann,* Moral und Verhaltensforschung, Essen 1974.
6. *G. H. Neumann,* Der Mensch in der modernen Biologie, Essen [2]1975.
7. *W. Wickler,* Biologie der Zehn Gebote, München 1971.

Literaturangaben zu 3.

8. *W. Fuhrmann* und *F. Vogel,* Genetische Familienberatung, Berlin–Heidelberg–New York 1968.
9. *G. H. Neumann,* Zivilisation – ein Risiko? In: U. Kattmann, W. Palm, B. Rüther (Hg), Kennzeichen des Lebendigen 9/10, Lehrerhandbuch Düsseldorf 1975.
10. *G. G. Wendt,* Vererbung und Erbkrankheiten. Ihre gesellschaftliche Bedeutung, Frankfurt–New York 1974.
11. *H. Stengel,* Humangenetik (Biologische Arbeitsbücher 10), Heidelberg 1972.

Hans Böhringer und Edith Schröder

Der Beitrag von Psychologie und Tiefenpsychologie zur Geschlechtserziehung

1. *Begründungszusammenhang*

1.1 Von seiten der Wissenschaft

Wissenschaftstheoretisch ist die Tiefenpsychologie in ihren verschiedenen Richtungen im Unterschied zu anderen Bereichen der Psychologie wohl nur als nicht bewiesene Theorie oder als Denkmodell zu betrachten, das sich aber in der psychotherapeutischen und erzieherischen Praxis als sehr hilfreich erwiesen hat. Wenn der tiefenpsychologische Ansatz kritisch angesehen werden muß, dann ebenso die verbreitete Meinung, daß die Testpsychologie den ganzen Menschen beurteilen könne.

Dennoch sind Psychologie und Tiefenpsychologie bei einem Modell der Lehrerfortbildung auf dem Gebiet der Geschlechtserziehung unverzichtbar,

1.1.1 weil sie die Entwicklung des Kindes und des Jugendlichen verständlich machen,

1.1.2 weil sie auch den emotionalen Bereich berücksichtigen; denn bei einer biologischen Aufklärung kommt der emotionale Bereich zu kurz. Im Zusammenhang mit der Forderung der Integration der Sexualität in die Gesamtperson muß notwendig der Bereich des Emotionalen und Personalen einbezogen werden.

1.1.3 weil sie die Interaktion zwischen Schüler und Lehrer deuten,

1.1.4 weil sie für den Erzieher eine wichtige Hilfe sind, seine Einstellung zur Sexualität und den eigenen Unterricht zu reflektieren.

1.2 Die Situation des Schülers

1.2.1 Da auch heute nur etwa 20 % aller Schüler von zu Hause eine Geschlechtserziehung erfahren,[1] darf sich die Schule diesem

[1] *K. Thomas,* Sexualerziehung, Stuttgart 1970, 42.

wichtigen Bereich nicht verschließen. Die Eltern nehmen diese Aufgabe nicht wahr, da sie meist selbst keine Geschlechtserziehung erfahren haben, weil ihnen der entsprechende Wortschatz fehlt und oft eine unbewußte Gefühlsblockierung (Inzestschranke) vorliegt. Soweit die familiäre Geschlechtserziehung vorhanden ist, stellt die Schule sie nicht in Frage, sondern baut auf ihr auf, ergänzt sie und stellt sie in größere Sinnzusammenhänge.[2]

1.2.2 Da die Eltern-Kind-Beziehung besonders während der Autoritätskrise und der sexuellen Betroffenheit in der Pubertät häufig emotional belastet ist, ist ein Unterrichtsgespräch in der sachlicheren Atmosphäre der Schule für den Schüler oft hilfreich. Der Schüler soll auch in einer außerfamiliären Gruppe über intime Dinge zu sprechen lernen, ohne befürchten zu müssen, verspottet oder unter Druck gesetzt zu werden.

1.2.3 Kinder und Jugendliche interessieren sich nicht so sehr für eine möglichst detaillierte Darstellung anatomisch-physiologischer Fakten. Sie wollen sich vor allem verstanden fühlen. Den Jugendlichen bewegt ja besonders die Zwiespältigkeit der Lust, ihre Faszination und Beunruhigung, die zugleich über die Lust hinausweisen. Diese beiden Einstellungen sind der Grund einerseits für die kaum zu stillende Neugier und anderseits für einen gewissen Widerstand der Schüler gegenüber der sexuellen Thematik. Deshalb kann Geschlechtserziehung nur gelingen, wenn nicht nur eine emotionale Offenheit, sondern auch ein Vertrauensverhältnis zwischen Schülern und Lehrer vorhanden ist, in dem über Gefühle und deren Erlebnisqualität gesprochen werden kann.

1.2.4 Daß der Mensch, vor allem der junge Mensch, und hier wiederum meist der männliche Jugendliche, die Sexualität als überfallartiges und übermächtiges Verlangen erfährt, darf nicht dazu verleiten, nach dem üblich gewordenen Sprachgebrauch vom Sexualtrieb zu sprechen, wie man etwa vom Hunger- und Dursttrieb spricht (siehe Neumann 2.1). Das Wort ‚Trieb‘ bedeutet unausweichliche biologische Angewiesenheit auf unabläs-

2 Zur Frage der Kompetenzen: Sexualerziehung, Handreichungen für den Lehrer, Bundeszentrale für gesundheitliche Aufklärung, Stuttgart 1974, 127ff.

sige und regelmäßige Stillung. Diese Bestimmung trifft zweifellos auf Hunger und Durst zu, nicht aber auf die Sexualität. Wird vom ‚Sexualtrieb' gesprochen, wird der junge Mensch in seiner vielfach erfahrenen Ohnmacht gegenüber sexuellen Impulsen nur bestärkt. Er kommt nicht mehr auf den Gedanken, daß die sexuellen *Antriebs*kräfte ethischen Aspekten, vor allem der Verantwortung und Liebe untergeordnet werden können. Die verbreitete Konsumhaltung, gemäß der jeder aufsteigende Wunsch sofort befriedigt werden ‚muß', entspricht – entwicklungspsychologisch gesehen – der Haltung des Säuglings, dessen Frustrationstoleranz bzw. Spannungsbogen, also die Fähigkeit, Spannungen ertragen zu können, noch äußerst klein sind. Schon Sigmund Freud hat mit Nachdruck darauf hingewiesen: Soll die sexuelle wie die gesamte Reifung des Menschen gelingen, so muß Spannung erhalten bleiben. Die menschliche Sexualität ist im Unterschied zu der des Tieres zur Wirklichkeit der Psyche und des Geistes hin offen; sie bedarf dieser beiden Bereiche als notwendigem Regulativ. ‚Triebaufschub' und ‚Triebverzicht' als Folge eines Entschlusses, der sich etwa aus einem bestimmten Verständnis der Geschlechtlichkeit (daß z. B. eine Verfrühung des Geschlechtsverkehrs die Identitätsfindung und damit den Abschluß der Ich-Entwicklung gefährden kann[3]) oder aus der Liebe zum Partner ableitet, der einen geschlechtlichen Vollzug nicht oder noch nicht wünscht, ist etwas völlig anderes als Verdrängung, bei der immer die (unbewußte) Angst, das eigene überhohe Idealbild zu trüben, im Spiel ist.

Der *Trieb* ist in bezug auf seine Aktualisierung, seine Richtung und Objektbezogenheit instinktgesichert. Die sexuellen *Antriebe* des Menschen sind jedoch gerade das nicht (vgl. abweichendes Sexualverhalten 3.3.1.11). Der Mangel an instinktiven Steuerungs- und Hemmungsmechanismen muß durch entsprechende erzieherisch zu bewirkende ethische und kulturbezogene Aufschübe und normative Regulierungen ausgeglichen werden (siehe Grenner 2.3.4ff.).

[3] *R. Seiß*, Sexualerziehung zwischen Utopie und Wirklichkeit, Bad Heilbrunn 1973, 87f.

1.2.5 Wo ein Jugendlicher die sexuellen Impulse überstark erfährt oder es besonders früh zur Intimbegegnung kommt (die ja dann die Entscheidungsfähigkeit für den richtigen Partner sehr einschränkt) sollte man nicht von einem besonders starken Triebdruck im Sinne einer Veranlagung sprechen oder dies nur auf die erotische Reizüberflutung oder den Gruppendruck zurückführen, sondern einen tiefenpsychologischen Gesichtspunkt bedenken: das Kind ist auf die Erfahrung des Geliebtwerdens vor allem von seiten der Mutter angelegt. Diese Liebe ist deshalb so unersetzlich für das Kind, weil sie allen Sinnen, vor allem dem Tastsinn, den Augen und den Ohren ein sättigendes Lusterleben vermittelt. Diese Liebe fehlt, wenn Eltern zwar ihrer Unterhaltspflicht genügen, aber ihr Kind – oft unbewußt – ablehnen, gleichgültig, autoritär und gefühlskarg sind. Eine Verfälschung der Liebe ist es ebenso, wenn Eltern ein Kind als Ersatzpartner an sich binden und an ihm ihre ‚Liebesimpulse' durch Verwöhnung und Verzärtelung abreagieren.[4] Wo ein Jugendlicher als Kind solche Erfahrungen gemacht hat, wird er mit allen Kräften nach einer umfassenden Ersatzlust suchen. Hier bietet sich die geschlechtliche Lust an. Weil diese aber den existentiellen Hunger nach echter Liebe nie stillen kann, entwickelt sich daraus leicht eine Süchtigkeit auf sexuelle Lust verschiedenster Art. Sexuelle Lust kann also auch als Selbsttrost für Liebesdefizit und auch für eigenes Versagen in Schule und Arbeit usw. gesucht werden. Für den Erzieher, der um diese Hintergründe weiß, sind Entrüstung, Verurteilung und vorschnelle moralische Forderungen nicht mehr so leicht möglich.[5]

Zwar bestimmen in der jungen Generation die ‚Frühreifen' das

[4] Vgl. *H. Böhringer*, Nur die Liebe kann erziehen, in: R. Svoboda und J. Buchmann (Hg.), Erziehen will gelernt sein, Hoheneck Verlag Hamm/W (da vergriffen, Sonderdruck vom Verlag direkt zu beziehen), und *H. Böhringer*, Eine neue Geschlechtsmoral, in: Zu einer neuen Geschlechtsmoral, Hoheneck Verlag Hamm (da vergriffen, Sonderdruck vom Verlag direkt zu beziehen).

[5] Zur sexuellen Situation der heutigen Jugend: *J. Schlaegel* u. a., Beziehungen zwischen Jungen und Mädchen: Sexualmedizin 4 (1975) 206–218.
V. Sigusch und *G. Schmidt*, Sexualpraxis und Sexualmoral der Schü-

Bild. Die Zahl derer aber, deren Hauptproblematik gar nicht sexuelle Probleme im engeren Sinne sind, sondern ihre Einsamkeit, Kontaktschwäche und Unfähigkeit, Freunde und einen andersgeschlechtlichen Partner zu finden, ist viel größer, als man vermuten möchte. Ihre Entmutigung wird um so größer, je mehr sie dem Gruppendruck der Frühreifen und den neuen Zwängen der immer noch wirksamen ‚Sexwelle' ausgesetzt sind. Der Geschlechtserzieher wird besonders auf diese jungen Menschen eingehen und ihnen helfen müssen, zu lernen, ‚aus sich herauszugehen', mit sich Geduld zu haben und nicht in einer Kurzschlußreaktion mit irgendeinem Partner vorlieb zu nehmen.[6]

1.3 Anthropologisches Verständnis

1.3.1 Der Beitrag der Entwicklungspsychologie und Tiefenpsychologie zielt vor allem auf die Integration der Sexualität in ihren personalen Zusammenhang.

1.3.2 Die Bedeutung der Sexualität für ein erfülltes Menschsein kann aufgrund eines breiten Spektrums psychologischer und tiefenpsychologischer Sinndeutungen sichtbar gemacht werden. Dadurch können verhängnisvolle Verhaltensstörungen[7] und Fehlentwicklungen vermieden oder korrigiert werden.

1.3.3 Weil die beiden extremen Richtungen der Geschlechtserziehung (permissiv bzw. ablenkend und behütend) sich ständig gegenseitig kritisieren und stimulieren, ist es pädagogisch unverzichtbar, sich mit den positiven und negativen Momenten auch extremer Richtungen auseinanderzusetzen.

1.3.4 Die Psychologie weist auf die Bedeutung der Sexualität für die Entfaltung verantwortlicher Partnerschaft und Elternschaft und der ehelosen Lebensform hin. Die Tiefenpsychologie

ler: Sexualmedizin 5 (1973) 240–245; *Schmidbauer,* Kommunikation, Sexualität, Partnerschaft: Sexualmedizin 12 (1974) 637–640; *L. Walczak u. a.,* Sexualmoral Jugendlicher: Sexualmedizin 5 (1975) 306 bis 325.

6 H. Michael (Hg.), Niemand spricht mit mir. Kommunikationsstörung; Wege aus der Isolierung, Nürnberg 1973.

7 Vgl. *Chr. Meves,* Verhaltensstörungen bei Kindern, München 1971 (Serie Piper), und *Chr. Meves,* Mut zum Erziehen, Hamburg 1970 (Furche Stundenbücher).

zeigt die unterbewußten Anteile der Sexualität auf und die Möglichkeit, diese ins Bewußtsein zu integrieren und sie damit unter die personale Kontrolle zu bringen. Ebenso kann sie bei der Bewältigung negativer Beeinflussung etwa durch Werbepsychologie, Pornographie und andere Auswirkungen der um sich greifenden Permissivität helfen.

1.3.5 Im Zusammenhang mit der Geschlechtserziehung ist immer wieder die Rede von Triebfeindlichkeit und Triebunterdrückung. Die Frage stellt sich, *warum* Menschen Angst vor der Sexualität haben, genauer gesagt, vor der sexuellen Lust, und die ‚Schöpfungswonne' bekämpfen, wo doch jeder Mensch auf Lust angelegt ist. In der ganzen tiefenpsychologischen und sexualpädagogischen Literatur wird unseres Wissens auf diese Frage keine Antwort gegeben. Im folgenden sei der Versuch gemacht. Die Psychotherapeuten von Gebsattel, Herzog-Dürck, Schottlaender u. a. verstehen Neurose als Protest (aus Vermessenheit und Hybris) und Leiden an den ‚Grundbedingungen' des Menschen: Zeit, Tod, Schicksal, Schuld, Geschlecht usw. Es gibt Menschen, die sich speziell gegen die sexuelle Determination auflehnen. Sie empfinden die geschlechtlichen Spannungen, vor allem die Gewalt und Faszination geschlechtlich-körperlicher Regungen, als unzumutbare Demütigung. Sie fühlen sich existentiell verletzt, daß sie nicht in jedem Moment absoluter ‚Herr im eigenen Hause' sind. Sie haben den rasenden Ehrgeiz, ‚reiner Geist' (wie Gott) zu sein, und verdrängen und bekämpfen deshalb ihre sexuellen Impulse so gut es geht. Von Plotin, dem Begründer des Neuplatonismus († 270 n. Chr.), sagt sein Biograph Porphyrios, er habe zu denen gehört, die sich schämen, im Leibe zu sein.[8] Solche leib- und geschlechtsfeindlichen Einstellungen[9] durchziehen

[8] *J. Pieper*, Begeisterung und göttlicher Wahnsinn, München 1962, 152. Der Verfasser stellt höchst aktuell die Auseinandersetzung des Sokrates (Plato?) mit der aufgeklärten Bindungslosigkeit seiner Zeit dar u. a. mit den Themen: eros und agape, die Nachbarschaft von Geist und Sinnlichkeit.

[9] Vgl. *v. Ussel*, Sexualunterdrückung, rororo 8024/25; *D. Savramis*, Religion und Sexualität, München 1972; *E. Keller* (Hrsg.), Sexualität ohne Tabu und christliche Moral, München 1970; *H. Fisch-Carl*, Sexualverhalten und Bewußtseinsreife, Stuttgart 1972, 5ff.

nicht nur die abendländische Geschichte (siehe Türk 2.3.4), sondern auch etwa den hinduistisch-indischen Kulturkreis (durchaus neben äußerst geschlechtsfreundlichen Aspekten). Die psychotherapeutische Praxis zeigt, daß auch bei den heutigen Jugendlichen unter der Decke der bewußtseinsmäßigen Unbefangenheit viel mehr Angst gegenüber der Sexualität vorhanden ist, als man angesichts der heutigen Allgegenwart des Sexuellen und der Gewöhnung an sie vermuten würde.[10]

1.3.6 Alle psychologischen und tiefenpsychologischen Bemühungen zielen darauf ab, daß das Leben des einzelnen glücken soll. Voraussetzung dafür ist die Hinführung zu Reife und Liebe (s. Türk 2.6.7). Unter Liebe ist nicht primär eine Gefühlsbindung zu verstehen, sondern die Fähigkeit, zu empfangen und zu geben und um des anderen willen auch verzichten zu können. Der Aufbau solcher Liebe ist dann gefährdet, wenn sexuelle Faszination schon für Liebe gehalten wird oder wenn Begehren und Lieben, Begehrtwerden und Geliebtwerden verwechselt werden. Erst im Annehmen des anderen mit all seinen Fehlern und in der Erfahrung des Angenommenseins kann menschliche Existenz gelingen.[11] So wichtig die Bejahung der Lust ist, sie hat nur eine dienende Funktion. Lust als Ersatz für andere unerfüllte Bedürfnisse führt zu innerer Leere und Vereinsamung.

2 Lernziele für den Lehrer

2.1 Der Lehrer muß seine Geschlechtlichkeit bejahen und integrieren,[12] um sozial- und verantwortungsfähig zu werden. Er muß wissen, daß der Mensch in seinen Aussagen über die Sexu-

10 *T. Brocher*, Sind wir verrückt? – Lebensprobleme des modernen Menschen, Stuttgart 1973, 147ff.

11 *E. Fromm*, Die Kunst zu lieben, Stuttgart 1956; *J. Pieper*, Über die Liebe, München 1972; *T. Brocher*, Von der Schwierigkeit zu lieben, Stuttgart 1975.

12 *Vgl. Brocher*, Sind wir verrückt? 154f. u. 192ff.; *R. Affemann*, Geschlechtlichkeit und Geschlechtserziehung in der modernen Welt, Gütersloh 1970, 39ff., 348ff.; *Strotzka*, Die Angst des Sexualerziehers: Sexualmedizin 8 (1973) 378f.
Vgl. zum Problem der Integration (nach der Analytischen Psychologie

alität immer von den sexuellen Erfahrungen und Prägungen seiner Kindheit und Pubertät mitbestimmt wird. Dieser wichtige Tatbestand sollte bei extremen Einstellungen auf dem Gebiet Geschlechtserziehung (vgl. 1.3.3 und 1.2.5) immer mitbedacht werden. Da diese frühen Prägungen bei vielen Menschen nicht mehr bewußt sind, kann es sein, daß ihre Aussagen von der Unsicherheit und Angst vor der eigenen Sexualität unbewußt beeinflußt werden, Sexualität also in ihren verschiedenen Äußerungen (auch bei anderen Menschen) beargwöhnt und bekämpft wird. Auch Flucht in biologischen Perfektionismus in der Geschlechtserziehung hängt nicht selten mit der eigenen sexuellen Problematik des Lehrers zusammen, die ihn vor den die Schüler vor allem bedrängenden Fragen des geschlechtlichen *Verhaltens* ausweichen läßt.[13] Das gegensätzliche Verhalten äußert sich darin, daß sich Menschen von der Problematik und Unsicherheit gegenüber der eigenen Sexualität unbewußt durch betont forsches Enttabuisieren im Umgang mit anderen zu befreien versuchen. In beiden Fällen würde ein Lehrer seine eigene sexuelle Problematik den Schülern überstülpen, aber nicht auf die existentiellen Bedürfnisse der Schüler eingehen. Beide Einstellungen, die bei Erwachsenen wie bei Jugendlichen anzutreffen sind, müssen also immer auch von diesem lebensgeschichtlichen Hintergrund her verstanden werden. Dies schränkt ihren Aussagewert ein.

2.2 Da das eigentliche Ziel der schulischen Geschlechtserziehung jenseits des exakt prüfbaren Wissens liegt, soll der Lehrer seinen Unterricht, auch wenn er im kognitiven Bereich befriedigend organisiert werden konnte, kritisch beobachten und stets an allen Zielen und auch an den Reaktionen der Schüler messen. Das

C. G. Jungs) *H. Dieckmann,* Individuation in Märchen aus 1001 Nacht, Märchendeutung und Patiententräume in tiefenpsychologischer und psychotherapeutischer Sicht, Oeffingen 1974.

13 „Strebt man in der Sexualerziehung nur die Aufnahme von Informationen an, ohne sich um deren innere Verarbeitung zu kümmern, indem man es den Jugendlichen selbst überläßt, damit ‚irgendwie' fertig zu werden, so kondizioniert man unfreiwillig jene Spaltungsprozesse, die libidinöse und aggressive Strebungen voneinander trennen" (*Brocher,* a. a. O. 187).

Schülerverhalten weist den Lehrer häufig auf die oft auch unterschwellige Problematik in der Klasse hin und zeigt ihm Ansätze für Gespräche.
Der Erzieher wird in der Wahrnehmung seiner Objektbeziehungen und der Reflexion über die Wirkung eigenen Verhaltens bis heute kaum hinreichend ausgebildet.

2.3 Abbildungen und Darstellungen (auch in Schulbüchern), die ja in ‚geheimer Konkurrenz'[14] zu pornographischen Schriften und zu sensationell aufgemachten Bildern in Illustrierten stehen, haben sehr unterschiedliche Auswirkungen, je nach den Voraussetzungen der Schüler (Sensibilität/Erziehung). Die Bandbreite reicht von Begeisterung bis zum Schock (etwa bei Geburtsszenen). Deshalb sollte der Lehrer beim Gebrauch von Darstellungen der Geburt, von Geschlechtskrankheiten, von Sexualpraktiken sowie bei der Demonstration empfängnisverhütender Mittel sehr behutsam sein[15] und überhaupt solche Themen nie isoliert, sondern immer im Gesamtzusammenhang behandeln. Er könnte sonst das Gegenteil erreichen von dem, was er eigentlich anstrebt.

2.4 Er muß die Prägbarkeit und damit die weitgehende Relativität der traditionellen Rollen der Geschlechter betonen (vgl. Vergleichende Völkerkunde, Soziologie), aber gleichzeitig auf die angeborenen Wesensunterschiede von Mann und Frau und damit auf die polare Verschiedenheit der Geschlechter eingehen (vgl. Medizin, Verhaltensforschung, Psychologie, Tiefenpsychologie).[16]

14 *H. Esser,* Wirkungen bildlicher und geschlechtlicher Darstellungen in Schulbüchern auf den Jugendlichen, in: LAGG Mitteilungen Nr. 60, Düsseldorf 1975.

15 Vgl. *A. Janzing,* Sexualerziehung in der Grundschule, Hg.: Deutscher Katecheten-Verein, München 1972, 20f.

16 Zur ganzen Problematik: *Affemann,* a. a. O. 116ff., 130–136, und *Grenner,* 2.3.1.

2.5 Er soll kindliche und pubertäre Verhaltensweisen mit den Schülern besprechen können, um ihnen damit Anstöße und Hilfe zur inneren Reifung zu geben.[17]

2. 6. Er soll wissen, daß Geschlechtserziehung immer eine Erziehung zu Liebesfähigkeit und Reife ist (vgl. 1.3.6 und 3.3.1.8).

3 Inhalte, an denen die Lernziele vermittelt werden

3.1 Psychologie

3.1.1 Kenntnis der Phasen: erstes Trotzalter, Latenzperiode, Vorpubertät, Pubertät, Adoleszenz.
3.1.2 Psychologische Bedeutsamkeit des Eintritts von Menstruation, Samenerguß, Erektion usw. Es sollte nicht nur auf das Erleben als solches eingegangen werden, sondern vor allem auf die Frage, die das Kind und den Jugendlichen bewegt: „Werde ich damit fertig?" Der Lehrer sollte ermutigen und die jeweils nächste Entwicklungsphase als erstrebenswert darstellen.
3.1.3 Die persönliche Intimsphäre formt sich in verschiedenen Zeiten und an verschiedenen Orten unterschiedlich aus. Auf ihren Wert als Schutz gegenüber der Gefährdung der Person und damit als notwendigen Freiheitsraum zur Selbstverwirklichung ist in Abhebung zur Prüderie besonders hinzuweisen.
3.1.4 Stetige Hinweise darauf, daß die Sexualität auf Integration angelegt ist. Die Gefahren der Abspaltung dieses fundamentalen menschlichen Bereichs sollten besprochen werden (vgl. 3.3.1.5). Hilfen für die Integration der Sexualität: Verbalisieren, über Gefühle und Empfindungen sprechen können und dürfen. Dadurch kann das Erlebnis des Befremdlichen abgebaut werden.

3.2 *Verhaltenspsychologie* und *Gruppendynamik* sollten als Hilfsmittel zur Beurteilung von sozialen Prozessen auch innerhalb der Klassengemeinschaft erkannt werden.

[17] Vgl. *F. Künkel,* Jugendcharakterkunde, Theorie und Praxis des Erwachsenwerdens, Konstanz 1956; *J. Herzog-Dürck,* Probleme menschlicher Reifung, Stuttgart 1969.

3.3 Tiefenpsychologie

3.3.1 Die unüberholbare Grundlage einer heute verantwortbaren Geschlechtserziehung sind die ‚Drei Abhandlungen zur Sexualtheorie' von S. Freud aus dem Jahre 1905.[18] Freud beschreibt hier als erster die Sexualität des Kindes und die phasenspezifischen sexuellen Vorerlebnisse, welche die weitere Entwicklung prägen. Wer allerdings nicht vom Gesamtwerk Freuds und seinen Briefen ausgeht, kann bei der ‚Sexualtheorie' leicht zur Vermutung gelangen, die Psychoanalyse verkürze den Menschen auf ein triebreguliertes Wesen.

Nach 70 Jahren muß aber heute die Vorläufigkeit mancher Aussagen und die Ergänzungsbedürftigkeit des ganzen Entwurfs betont werden.[19]

Daß die Freud'schen Erkenntnisse nicht unkritisch von der Erwachsenenanalyse auf die Geschlechtserziehung übertragen werden können, und daß Geschlechtserziehung mehr und noch anderes ist als nur Information über sexuelle Tatbestände und daß der emotionelle Bereich mindestens ebenso wichtig ist, wurde bereits in den Jahren 1920–1930 voll erkannt und auch veröffentlicht.[20] Die geschlechtserzieherischen Entwürfe der letzten 10 Jahre scheinen diese Veröffentlichungen nicht zur Kenntnis genommen zu haben.

Freud beschreibt die Entwicklungsphasen der sexuellen Organisation:[21]

3.3.1.1 Die *orale* Phase. Ihr kommt die größte Bedeutung für die

[18] *Fischer* TB 6644.

[19] Vgl. *H. Böttcher,* Streit um Sex, Fragen und Antworten zur Erziehung, Wuppertal 1970.

[20] *W. Rehm,* Die psychoanalytische Erziehungslehre, München 1968, 155–162.

[21] Zur gesamten Entwicklung und zu den einzelnen Phasen *T. Brocher,* Psychosexuelle Grundlagen der Entwicklung, Opladen 1971; *Affemann,* a. a. O. 77–91; Sexualerziehung, Handreichungen für den Lehrer, a. a. O. 224; *G. Bittner,* Psychoanalyse und soziale Erziehung, Kap. Frühkindliche Sexualität, München 1970; *M. Mitscherlich-Nielsen,* Sexualität und Weiblichkeit – psychoanalytisch gesehen, in: O. Hermann (Hg.), Sucht und Sexualität, Freiburg 1974, 56–60.

weitere Entwicklung zu. Mit dem Nahrungsbedürfnis[22] kann auch das emotionale Bedürfnis nach Liebe und Geborgenheit erfüllt werden. Es kann sich dann das ‚Urvertrauen' entwickeln, das die Basis zum vertrauensvollen Vordringen in die Welt zu schaffen vermag, den ‚Mut'. Wenn dieses emotionale Grundbedürfnis nicht gestillt wird, kann es schon früh zu *Entmutigung* und *Aggression* kommen.

3.3.1.2 In der *anal*(-sadistischen) Phase (etwa zweites Lebensjahr), in welche auch die Reinlichkeitserziehung fällt, werden Verhaltensweisen wie hergeben oder behalten, andere zwingen und quälen, Ekel, Prüderie und Scham vorgeprägt.

3.3.1.3 Bis zum vierten Lebensjahr hat das Kind auch seinen genitalen Bereich entdeckt und interessiert sich ebenso für den des anderen Geschlechts.

3.3.1.4 Mit dem vierten Lebensjahr kommt das Kind in eine Entfaltungsperiode seiner Sexualität, die bereits die frühkindliche Autoerotik etwas zu überwinden beginnt. Die *ödipale* Phase (die allerdings – wie übrigens auch andere Abschnitte der sexuellen Entwicklung nicht immer „für grobe Beachtung kenntlich" zu sein braucht, sondern sich „auch als Andeutung verraten"[23] kann) bedeutet eine Vor-Einübung in die Bezogenheit zum anderen Geschlecht.

3.3.1.5 *Latenzzeit* (etwa vom sechsten Lebensjahr bis zur Vorpubertät). Durch die vielseitigen anderen Interessen in dieser Phase werden Hemmungen der kindlichen Sexualregungen aufgebaut, wenn auch heute sicherlich das sexuelle Interesse in diesem Alter weiter verbreitet ist als zur Zeit Freuds. Sie kann durch Reize überspielt werden. Die Weiterentwicklung der sexuellen Organisation scheint in dieser Phase zu ruhen (siehe Grenner 2.3.3.1 u. 21, S. 118). Dadurch wird das Kind zu kulturellen Leistungen fähig. Der Begriff der ‚Sublimierung' wurde von Freud nicht eindeutig beschrieben. Man kann Sublimierung definieren

[22] *Anna Freud,* Ernährungsstörungen des Kindes in psychoanalytischer Sicht, in: G. Ammon, Psychoanalytische Pädagogik, Hamburg 1973, 86–101.

[23] *S. Freud,* „Drei Abhandlungen zur Sexualtheorie", a. a. O. 69.

als geglückte Transformation eines ursprünglichen Triebverlangens zur Entfaltung vertiefter Erfüllungsmöglichkeiten, vor allem der Liebe im eigentlichen Sinn.[24]

Die Latenzzeit bietet sich geradezu an, die begonnene Geschlechtserziehung vertieft fortzusetzen.

Wenn extreme permissive Richtungen der Geschlechtserziehung Kinder in dieser Entwicklungsstufe, aber auch in allen anderen, bewußt zum Erleben körperlicher Lust animieren, um sie ‚lustfähig' zu machen, so entsteht die Frage, wie Kinder und Jugendliche mit dem dauernden „augenblicklichen Glück"[25] fertig werden; denn isolierter Lustgewinn kann sich leicht zur beherrschenden Gewohnheit ausweiten, die dann alle anderen Lebensbereiche einengt. Solche Getriebenheit, die aus der Überbewertung der sexuellen Lust resultiert, spaltet die Sexualität genauso von der Gesamtperson ab wie die herkömmliche Abwertung der Lust. Beide Einstellungen tragen zur Desintegration, zur mangelnden Ich-Identität des Menschen bei und führen erfahrungsgemäß zu depressiven Verstimmungen (weil der Mensch auf Integration angelegt ist), die nur nicht immer leicht als solche erkannt werden, weil sie nicht selten durch verschiedene Suchtarten (Alkohol, Nikotin usw.) kaschiert werden.

Glück kann als solches nur über den liebenden Umgang mit Menschen oder Aufgaben erreicht werden. Dann fällt das Glück einem zu; es entzieht sich in dem Maße, indem man es direkt anstrebt.[26] Nur der ungeteilte, der ganz zu sich selbst gekommene (und zu sich selbst gebrachte, vgl. Mattes 2.3.5 und 2.4.3) Mensch ist wahrhaft glücklich und kann glücklich machen. Die meisten Menschen machen einen nur unvollkommenen Gebrauch

24 *G. Bittner*, a. a. O. 66; vgl. auch A. Mitscherlich (Primitive Triebentspannung und seelische Reifung) entnommen: B. Grunert-Bronnen (Hg.), Pubertät, München–Bern 1968, 233f. und 236f. In: Alternativen, Liebe – Ehe – Elternschaft, Arbeitstexte, München 1970, 47. H. Gaus (Hg.)

25 Vgl. dazu *K. Maskus*, Kritische Anmerkungen zu Kentlers Sexualerziehung: Medien- und Sexualpädagogik 2 (1975), vor allem die Ausführungen zu „Glück", 2.

26 *V. E. Frankl*, Der Mensch auf der Suche nach dem Sinn, Freiburg 1973, Herder TB 430.

von ihren Möglichkeiten und dem unerschöpflichen Regenerations- und Integrationspotential ihrer Seele.
Auffällige Schwierigkeiten in der Pubertät müssen wohl meist als Manifestationen von Reifestörungen aus den ersten fünf Lebensjahren betrachtet werden (1.2.5).

3.3.1.6 Die *autoerotische* Phase der Pubertät. Der mögliche und der Selbstbezogenheit dieser Phase angemessene sexuelle Ausdruck ist die Masturbation. Von dieser phasenadäquaten Masturbation mit progressivem Impetus muß die Masturbation in den folgenden Entwicklungsabschnitten mit mehr regressiver Tendenz (als Ausweichen vor den Reifungsaufgaben dieser Lebensabschnitte) unterschieden werden. Hier muß nochmals differenziert werden zwischen gelegentlicher Masturbation und ausgesprochener Masturbationssucht. Letztere ist immer Ausdruck einer tieferen personalen Reifestörung. Deshalb muß *diese* angegangen werden. Der junge Mensch sollte angeleitet werden, sich mit seiner Begehrlichkeit und zugleich mit seiner (vorläufigen) Ohnmacht gegenüber der Masturbation anzunehmen und sie nicht mehr zu bekämpfen.

Die auch bei heutigen Jugendlichen durchaus noch vorkomkommenden Selbstvorwürfe und Schuldgefühle wegen Masturbation (nur mehr verborgen als früher, weil man ja überall hört, Masturbation sei normal und sexuelle Lust befreie!) haben nicht so sehr ihren Grund in der Ahnung, daß der Sinn der Sexualität nicht in der privaten Beglückung liegt. (Diese Ahnung wäre dem Bereich des Gewissens als Anspruch der Personmitte zuzuordnen.) Vielmehr ist es das Gefühl, vor den überhöhten Forderungen des eigenen Ich nach totaler Beherrschung (mit Freud würde man sagen: vor dem starken Über-Ich) versagt zu haben. Über-Ich und Gewissen sind verschiedene ‚Instanzen'.[27] Die Selbstverurteilungen und tiefen Schuldgefühle haben also ihren Grund vor allem im gekränkten Stolz. Durch die Annahme der eigenen Schwäche schwindet der Stolz und damit die zwanghafte Selbstbeschenkung mit Lust. (Was man hochschätzt, will man beschenken!)

[27] Vgl. *E. Stadter,* Psychoanalyse und Gewissen, Stuttgart 1970, Urban TB.

In diesen Lebensabschnitt gehört auch das Erlernen des richtigen Umgangs mit den sexuellen Vorstellungen, den inneren Bildern und Wünschen. Geschlechtserziehung muß dem jungen Menschen helfen, einerseits diese inneren Bilder mit gutem Gewissen zuzulassen und anzunehmen (auch wo sich bereits Angst und Abwehr gebildet haben), anderseits ihm Hilfen zu geben, innere ‚Überflutungen' einzudämmen und zu steuern.

3.3.1.7 Die *homoerotische* Phase. Da der Jugendliche eine Beziehung zum anderen Geschlecht noch nicht wagt, baut er eine Beziehung zu einem anderen Menschen auf, der in vieler Weise ähnlich ist wie man selbst. Diese Phase wird von Adler und seiner Schule bezweifelt, sie kann aber aufgrund der psychotherapeutischen Erfahrung und der allgemeinen Beobachtung nicht bestritten werden.

Die Jung'sche Schule sieht in dieser Phase eine Verstärkung der Männlichkeit bzw. Weiblichkeit im Kampf um die Loslösung von der festhaltenden Tendenz der mütterlichen Kräfte. Durch diese Stärkung der eigenen Geschlechtsrolle wird der junge Mensch fähig, den Weg zum andersgeschlechtlichen Partner weiterzugehen, um dadurch seine sexuelle Identität festzulegen.

Durch die starke Tabuisierung dieser Phase und damit des Homoerotischen überhaupt haben sehr viele Menschen diesen Lebensabschnitt und seine Problematik verdrängt. Damit hängt zusammen, daß man bei gleichgeschlechtlichen Beziehungen und Freundschaften (etwa auch verheirateter Menschen), bei denen das ‚Sexuelle' keineswegs in Erscheinung tritt (wobei zu sagen ist, daß jede menschliche Beziehung erotisch ‚getönt' ist) vorschnell Homosexualität vermutet und die emotionalen Vorurteile gegenüber Homosexuellen trotz unablässiger Aufforderung zur Toleranz so schwer abzubauen sind. In beiden Fällen wurde der eigene homoerotische Lebensabschnitt – trotz seiner positiven und vorwärtstreibenden Aspekte – nicht angenommen und aufgearbeitet und führt deshalb zur Projektion auf andere.

Fixierungen und Ausfälle in einer zu durchlaufenden Entwicklungsphase führen zu einer Schwächung der eigenen sexuellen Identität. Diese kann sich in schweren Kommunikationsstörungen äußern oder darin, daß Menschen gegenüber ihrem Partner oder anderen Menschen unablässig die eigene Überlegenheit und ‚Potenz' demonstrieren müssen.

3.3.1.8 Die *heteroerotische* Phase. Die ganze bisherige Entwicklung zielt auf diese Stufe hin, d. h. der Mensch soll von der Selbstbezogenheit zur Bezogenheit auf einen andersgeschlechtlichen Partner gelangen. Zugleich ist damit gemeint, daß alle Vorformen der Sexualität und die ‚Teiltriebe' (Schaulust, Zeigelust usw.) dem genitalen Primat unterstellt werden, der wiederum Ausdruck einer personalen Beziehung zu einem andersgeschlechtlichen Partner werden soll (nicht nur ‚Triebabfuhr').

Eine wichtige Vorform zu diesem Ziel ist die Verliebtheit, die aber klar von der du-haften Liebe unterschieden werden muß.

Die Verwirklichung des Gesamtziels sieht Freud ziemlich pessimistisch: Weil der Trieb hemmungslos sein Ziel anstrebt (denn hinter dem Trieb steht ein von Freud theoretisch erschlossener ‚Destruktionstrieb'), muß dieser „gemäßigt und gebändigt werden". „Die Absicht, daß der Mensch glücklich sei, ist im Plan der Schöpfung nicht enthalten." Glück hinterläßt „nur ein Gefühl von lauem Behagen".[28]

An anderer Stelle schreibt derselbe Freud: „Einer ganzen Minderheit wird es durch ihre Konstitution ermöglicht, das Glück doch auf dem Wege der Liebe zu finden ... Diese Personen machen sich von der Zustimmung des Objekts unabhängig, indem sie den Hauptwert vom Geliebtwerden auf das eigene Lieben verschieben ..."[29] Freud führt diesen wichtigen Gedanken nicht weiter aus. Dagegen bieten die Grundgedanken der Individualpsychologie Alfred Adlers und seines Schülers Fritz Künkel (wir stehen in einer ‚Adler-Renaissance'!) fundamentale Einsichten in die Hintergründe, warum so viele Menschen am Verlangen, vor allem ge-liebt zu werden, und damit am Unvermögen und Unwillen, selber immer mehr Liebende zu werden, festhalten. Darüber hinaus geben Adler und Künkel dem Erzieher wie dem jungen Menschen wichtige Hilfen an die Hand, wie das Gewicht vom Geliebtwerden (= Ich-haftigkeit, Unreife, Ver-

[28] Zitiert bei *H. Bauer*, Geschlechtserziehung und Gesellschaft, Neuwied 1973, 65.

[29] Zitiert bei *Bittner*, a. a. O. 69.

liebtheit) auf das wirkliche Lieben verschoben werden kann.[30] (Man muß gelegentlich die Sprache Adlers und Künkels wie übrigens auch Freuds in die heutige übersetzen!)

3.3.1.9 Die Reifung zu dieser personalen Liebe wird vor allem durch zwei Fehlhaltungen gefährdet: durch die *Entmutigung* und die *Aggression*. Diese sind immer die Folge von Mängeln an Geliebtwerden (für das Kind die größte Lust!) in der frühen Kindheit (vgl. 1.2.5.3 und 3.3.1.1).

Entmutigung drückt sich aus in Angst, existentieller Verdrossenheit, kleinem ‚Spannungsbogen' (= Frustrationstoleranz), Passivität (in dauernder Erwartungs- und Konsumhaltung), im fehlenden ‚Mut zum langen Weg' zur Liebe und Reife. – Die Fähigkeit und Bereitschaft des Menschen, sich zu verteidigen und seine Kräfte mit anderen zu messen, ist angeboren. Diese notwendig zur menschlichen Ausstattung gehörende Fähigkeit sollte man nicht Aggression nennen, wenn man darunter eine Einstellung versteht, die den Frieden und das Zusammenleben im kleinen wie im großen Bereich bedroht und gefährdet. *Aggression* im eigentlichen Sinn, die Bereitschaft, andere zu beherrschen, zu quälen, ihnen wehe zu tun, ist nicht angeboren, son-

30 Neben den Originalwerken A. Adlers: *R. Dreikurs,* Grundbegriffe der Individualpsychologie, Stuttgart 1971; *F. Künkel,* Charakter, Liebe und Ehe, Stuttgart 1973; *ders.,* Einführung in die Charakterkunde, Stuttgart 1971.
Aus dem Bereich der Verhaltenstherapie: *K. H. Mandel u. a.,* Einübung der Liebesfähigkeit, München 1975; *ders. u. a.,* Einübung in Partnerschaft, München 1971.
H. Damrow / W. Corell, Ehekonflikte – Konfliktehen, Vermeidung oder Bewältigung, Die Probleme der Partnerschaft, München 1971; *A.* und *F. Heigl-Evers,* Geben und Nehmen in der Ehe, Eine tiefenpsychologische Studie, München 1975, Kindler TB; *dies.,* Lieben und Geliebtwerden in der Ehe, Kindler TB; *dies.,* Gelten und Geltenlassen in der Ehe, Kindler TB.
Allgemein: *H. E. Pohl,* Selbstverantwortetes Geschlechtsverhalten: Pädagogische Welt 4 u. 5 (1974); *L. Rössner,* Kultivierung der Geschlechtsbeziehungen, Neuwied 1968; *H. Böhringer,* Der tanzende Mensch, Anthropologische Deutung von Tanz und Rhythmus, in: Tanz, Rhythmus, Partnerschaft, Hg.: Akademie der Diözese Rottenburg 1967.

dern erworben.[31] Wiederum als Folge von Kränkungen in der Kindheit (und Jugend) schwört das Kind Rache: „Ihr (Eltern und Erwachsene) habt mich nicht wirklich geliebt, wo ich der Liebe so bedürftig war, ich habe mich so verlassen gefühlt; ich werde es euch und allen Menschen heimzahlen; ich werde euch ärgern und quälen; ihr habt mich damals eure Macht spüren lassen; ihr sollt auch so ohnmächtig sein wie ich damals!" Man denke an die groben und subtilen Formen der Gewaltsamkeit, Herabsetzung des anderen, Gleichgültigkeit, Ausübung von ‚sanftem Terror' usw. in vielen Ehen!

3.3.1.10 Zum Thema der Unterscheidung von Verliebtheit (= Projektion) und Liebe ist der Beitrag von C. G. Jung zum Anima-Animus-Problem eine wichtige Hilfe.[32] Zur emotionalen Seite der Geschlechtserziehung gehört nicht nur der formale Gesichtspunkt der Offenheit des Erziehers für den Schüler, die es ihm ermöglicht, seine Gefühle zu verbalisieren und sich verstanden zu fühlen, sondern ebenso sehr das Gespräch über die in 3.3.1.8 und 3.3.1.9 erwähnten existentiellen Probleme jedes Menschen, mit deren Bewältigung die Integration der Sexualität in die Gesamtperson steht und fällt.

3.3.1.11 *Abweichendes Sexualverhalten.* So wichtig es ist, die verbreiteten Vorurteile gegenüber den sexuellen Minderheiten abzubauen und zur Toleranz gegenüber abweichendem Sexualverhalten, etwa gegenüber den Homosexuellen, zu erziehen, so muß unabhängig davon die Frage gestellt werden, ob es Gesichtspunkte der Einordnung dieser abweichenden Formen in den Gesamtbereich der Sexualität und damit Maßstäbe für die anthropologische Beurteilung gibt.

Aufgrund der tiefenpsychologischen Einsichten und der psycho-

[31] Vgl. *J. Rattner,* Aggression und menschliche Natur, Fischer TB 6173; *E. Fromm,* Die Anatomie der Destruktivität, Stuttgart 1974; *R. Denker,* Angst und Aggression, Urban TB Stuttgart; *G. R. Bach / H. Goldberg,* Keine Angst vor Aggression, Wie lerne ich durch offene Auseinandersetzung meine Partnerprobleme neu zu klären, Düsseldorf 1974.

[32] *C. G. Jung,* Der Mensch und seine Symbole, Freiburg 1962, 177–195; *Seiß,* a. a. O. 14ff.

therapeutischen Erfahrung können diese Formen niemals auf eine ‚perverse Gesellschaft' zurückgeführt werden, sondern sind meist Fixierungen auf kindlichen und pubertären Stufen der psychosexuellen Entwicklung, im Falle der Homosexualität z. B. einer Fixierung der normalen homoerotischen Phase. Verführung durch Homosexuelle oder neurotisierende Einflüsse der nächsten Umgebung können zur Ursache werden, daß sich diese *homoerotische* Durchgangsphase zur *homosexuellen* Einstellung verfestigt. Verfestigungen in einer Entwicklungsphase führen zu Kommunikationsstörungen (vgl. 3.3.1.7). Bindungen einzugehen und gewisse brüderliche, väterliche (bzw. schwesterliche, mütterliche) Gefühle füreinander zu haben, ist bei Homosexuellen sicher möglich. Wirklich lieben (vgl. 1.3.6 u. 3.3.1.8) können sie nicht, weil sie nur vom anderen als ihrem gleichgeschlechtlichen Spiegelbild fasziniert und – wenn es sich um Paare handelt – aneinander narzißtisch gebunden sind.
Ähnliche Abweichungen werden in *festgelegter* und *ausschließlicher* Form weder bei den höheren Tiergattungen[33] noch bei Naturvölkern beobachtet. Sie sollten vielmehr (mit J. H. Schultz, dem Begründer des ‚Autogenen Trainings') als „Kümmer- und Krüppelformen der menschlichen Sexualität" und nicht als der reifen Sexualität ebenbürtige „Spielarten" bezeichnet werden.[34] (Analog: Fixierung des ‚Partialtriebs' der Zeigelust des Kindes: Exhibitionismus; Fixierung auf den Teiltrieb der kindlichen Schaulust: Voyeurismus usw.).
3.3.1.12 *Zum Problem der Pornographie.* Der Begriff des ‚Obszönen' sollte heute nicht mehr verwendet werden, weil er aus einer Zeit stammt, in der das Sexuelle in Text und Bild wegen des dabei für den Leser oder Betrachter möglichen Lustreizes

33 *W. Wickler*, Sind wir Sünder? München 1969, 65–69.
34 Vgl. *J. Rattner*, Homosexualität – Psychoanalyse und Gruppentherapie, Freiburg 1973, bes. 13–99; *T. Brocher*, Sind wir verrückt: 157 bis 166; *Frank S. Caprio*, Die Homosexualität der Frau, Zur Psychodynamik der lesbischen Liebe, Stuttgart o. J.; *Ladame*, Die weibliche Homosexualität: Sexualmedizin 2 (1974) 54–56; *W. Kemper*, Die funktionellen Sexualstörungen, Kindler TB 2105, 1974; *J. Rattner*, Psychologie und Psychopathologie des Liebeslebens, München 1970, Kindler TB 2067/68.

als ‚schamlos' und ‚unzüchtig' galt. Nacktheit wird heute als natürlich empfunden. Obwohl die Übergänge von der Darstellung des Nackten zur Pornographie oft fließend sind, handelt es sich doch um zwei verschiedene Tatbestände. Abbildungen und Texte gelten als pornographisch, die „1. zum Ausdruck bringen, daß sie ausschließlich oder überwiegend auf die Erregung eines sexuellen Reizes beim Betrachter abzielen und dabei 2. die im Einklang mit allgemeinen Wertvorstellungen gezogenen Grenzen des sexuellen Anstandes eindeutig überschreiten"[35]. Wenn sexuelles Erleben nur über die Beschäftigung mit pornographischen Inhalten möglich ist, ist es immer ein Ausdruck sexueller Unreife und fixiert diese. Deshalb kann kein therapeutischer Effekt von der Pornographie ausgehen. Anderseits ist sie die Kehrseite der Prüderie und kann nur durch eine gewisse Enttabuisierung und eine Geschlechtserziehung zu liebender Partnerschaft überwunden werden.[36]

3.4 Sowohl die Psychologie als auch die Tiefenpsychologie gehen neuerdings über die individuelle Psychodynamik hinaus und beziehen immer mehr die Probleme und Erkenntnisse der Sozialwissenschaften mit ein (vgl. Grenner).

Zum Verständnis notwendige Literatur:

1. *T. Brocher*, Psychosexuelle Grundlagen der Entwicklung, Opladen 1971. 2. Bundeszentrale für gesundheitliche Aufklärung (Hg.), Sexualerziehung, Handreichungen für den Lehrer, Stuttgart 1974. 3. *E. Fromm*, Die Kunst zu lieben, Stuttgart 1956, Ullstein TB. 4. *Fr. Künkel*, Jugendcharakterkunde, Theorie und Praxis des Erwachsenwerdens, Konstanz 1967. 5. *H. Remplein*, Die seelische Entwicklung des Menschen im Kindes- und Jugendalter, München–Basel 1971. 6. *R. Seiß*, Sexualerziehung zwischen Utopie und Wirklichkeit, Bad Heilbrunn 1973.

[35] Definition der 17 Mitglieder des Strafrechtssonderausschusses des Deutschen Bundestages, zitiert in: *R. Stefen*, Zur Sexualerziehung an den Schulen von Nordrhein-Westfalen, 7. In: Medien- und Sexualpädagogik 3 (1974).

[36] Vgl. *Bertuch*, Die Kehrseite der Prüderie: Sexualmedizin 3 (1974), 148–150; *W. Böhme* (Hg.), Verbot der Pornographie? Gesellschaftsstruktur und sexuelle Sucht, Stuttgart 1968.

Karl-Heinz Grenner

Sozialwissenschaften zur Sexualerziehung

Anthropologisches Vorverständnis

Die Sozialwissenschaften verstehen sich als selbständige Einzelwissenschaften, die ihre Forschungen aus Interesse am zu erkennenden Gegenstand betreiben. Wenn nun – wie hier – die Sozialwissenschaften mit ihren Methoden und einem Teil ihrer Ergebnisse als bedeutsam für die Sexualerziehung und die darauf bezogene Lehrerfortbildung angesehen werden, so liegt der Grund dafür in einem Vorverständnis vom Menschen und von seiner Sexualität, das nicht verschwiegen zu werden braucht. Dieses Vorverständnis beruht in der Überzeugung, daß Sexualität mehr umfaßt als die physische Orgasmusfähigkeit menschlicher Individuen, daß sie vielmehr ein „Verlangen nach Wir-Bildung“ (Giese) zur Geltung bringt, dessen kulturelle Überformung – wie die Geschichte erweist – offenbar ein Existenzerfordernis der Menschheit bedeutete und noch bedeutet und wie Werkzeugherstellung und Sprache eine ursprüngliche Kulturleistung und bleibende Kulturaufgabe darstellt.

Begründungszusammenhänge

1 Die wissenschaftliche Situation

1.1 Die Bedeutung der Sozialwissenschaften

Dem anthropologischen Vorverständnis entsprechend liegt die Bedeutung der Sozialwissenschaften für die Sexualerziehung darin, daß sie

a) die soziale Komponente der menschlichen Sexualität in den verschiedenen Zusammenhängen von Gesellschaftsstruktur und Sexualverhalten erkennen lassen,

b) grundsätzliches Verständnis für das Faktum und die Funktionalität der Normierung der menschlichen Sexualität zu wecken vermögen und

c) selbst dazu beitragen, Normen zu begründen und dafür Konsens im gesellschaftlichen Diskurs zu suchen.

1.2 Lückenhaftigkeit des Forschungsstandes

Von einer besonderen integrierenden Sexualwissenschaft mit anerkannter Eigenständigkeit kann bisher kaum gesprochen werden. Was sich als Sexualwissenschaft darstellt, bietet eine Art „Zusammenfassung von Forschungsergebnissen aller Einzelwissenschaften, die Wissenswertes über Sexualität herausbringen können. Da als wissenswert heute alles gilt, was nur immer erforscht werden kann, und da kaum eine Wissenschaft, wenn es um Sexualität geht, nicht zur Mitarbeit geeignet ist, jede aber aufgrund ihrer Voraussetzungen andere Aspekte ins Zentrum ihres Interesses rückt und mit fachspezifischen Methoden bearbeitet, gibt es Sexualwissenschaft nicht etwa als ‚Oberwissenschaft', in der sich die einzelnen Ergebnisse ordnen, gegenseitig ergänzen und korrigieren, sondern mehr als Nebeneinander widersprüchlicher Aussagen" (Helmut Kentler, Einleitung: Sexualität und Sozialität, in: Texte zur Sozio-Sexualität, hg. von H. Kentler (UTB 247), Opladen 1973, 15f.).

Die sozialwissenschaftlichen Beiträge zur Erhellung des Gesamtphänomens der menschlichen Sexualität und ihrer kulturellen Formung sind im Rahmen dieses Sachverhalts zu sehen:

a) Sie sind noch nicht in einen befriedigenden sexualwissenschaftlichen und pädagogischen Kontext gebracht, und b) die sozialwissenschaftliche Erforschung der menschlichen Sexualität weist erhebliche Lücken auf – ganz abgesehen von der Tatsache, daß die meisten empirischen Untersuchungen nur Momentaufnahmen eines mehr oder weniger eng umgrenzten Tatbestands darstellen.

Was die ‚Lücken' betrifft, so fehlen z. B. regelmäßig wiederholte Untersuchungen über Einstellung und sexuelles Verhalten einer jeweils gleichen Personengruppe (Kohortenuntersuchungen), die Aufschluß über das Ausmaß entweder entwicklungspsychologischer oder kultureller Einflüsse auf das Verhalten geben könnten. Es fehlen ferner neuere ‚Untersuchungen in der Intimsphäre', bei denen nicht nur – wie gehabt – Auslösungsweisen und Zahl der Orgasmen gezählt, sondern Art und Dichte der Partnerbeziehung untersucht werden, sowie z. B. Erhebungen über Formen familialer Sexualerziehung.

1.3 Methodenprobleme

In den meisten Sozialwissenschaften spielt die empirische Sozialforschung eine bedeutsame Rolle. Über die verschiedenen Methoden, ihre Anwendung und die Tragweite ihrer Aussagen besteht grundsätzlich ein breiter Konsens unter den Kennern. Diese Erkenntnisse sind jedoch nicht in gleicher Weise auch in der breiten Öffentlichkeit vorhanden, so daß in der Einschätzung und Beurteilung veröffentlichter Untersuchungsergebnisse öfters Fehldeutungen, Mißtrauen oder zumindest Unsicherheit zu beobachten sind, zumal wenn offen artikulierte oder auch verschleierte Interessen und politische Absichten die Ergebnisse in bestimmter einseitiger Weise zu interpretieren und dementsprechend das Verhalten der Gesellschaftsglieder zu manipulieren suchen.

An sich gibt es in den Sozialwissenschaften selbst eine breite Diskussion über die Probleme, die mit der Anwendung der verschiedenen Methoden und der statistischen Auswertung erhobener Befunde verbunden sind. Diese Probleme müssen von denen zur Kenntnis genommen werden, die Ergebnisse empirischer Forschung zu vermitteln und zu integrieren haben. Von besonderer Bedeutung ist dabei das Urteilsvermögen über Verallgemeinerungsfähigkeit (Repräsentativität), Gültigkeit (Validität) und Verläßlichkeit (Reliabilität) von Befragungen (vor allem bei solchen in der Intimsphäre) sowie über Art und Ausmaß von Fehlerquellen bei der Verwendung statistischer Verfahren.

Unübersehbar ist, daß nicht alle Schulrichtungen innerhalb der Sozialwissenschaften sich der Abgabe von Werturteilen bei der Deutung von Ergebnissen empirischer Sozialforschung enthalten. Deshalb müssen alle, die sich mit sozialwissenschaftlichen Aussagen beschäftigen, um die Fähigkeit bemüht sein, zwischen Tatsachen und ihrer Deutung im Rahmen einer bestimmten Gesellschaftsauffassung unterscheiden zu können.

2.1 Völkerkunde

2.1.1 Zum interkulturellen Vergleich bestimmter Sexualsitten

Zweifellos werden überall auf der Welt Menschen von ihrer Sexualität und von ihren Erfahrungen in Ehe und Familie tief beeinflußt. Gleichzeitig dürfte klar sein, daß ihre Einstellung zur Sexualität und daß die Sitten und Gebräuche, die das Ehe- und Familienleben regeln, Ausdruck von Wertüberzeugungen sind, die meist tief in der Gesamtkultur der jeweiligen Gesellschaft verankert und mit ihr verflochten sind, so daß vieles an individueller Einstellung und individuellem Verhalten bei näherem Zusehen sich als kulturell bedingt erweist. Es enspringt weder der Spontaneität einzelner noch kann das, was aufgrund der Sozialisation internalisiert wurde, beliebig und schnell abgelegt oder auch nur entscheidend verändert werden.

Es wäre geradezu verwunderlich, wenn die beschreibende und vergleichende Völkerkunde (Ethnologie, Kulturanthropologie) bei allen Völkern, die je ihr Interesse erregten, nicht eine Fülle von Material über Anschauungen und Einstellungen zur Sexualität, über Heiratsbräuche, Ehesitten, Verwandtschaftsbeziehungen und Familientypen sowie über die Stellung von Mann und Frau in der Gesellschaft, über die Kindererziehung und die Autoritätsformen u. a. gesammelt hätte.

Vielfach kann es dann reizvoll sein, Unterschiede oder Ähnlichkeiten zur eigenen kulturellen Überlieferung oder auch eventuelle Kulturbegegnungen und gegenseitige oder einseitige Beeinflussungen festzustellen.

Doch dürften bei uns in der Schule völkerkundliche Ergebnisse bisher höchstens im Rahmen der Wissensvermittlung eine Rolle gespielt haben, nicht aber in der unmittelbaren pädagogischen Praxis.

Wer sich jedoch mit neuerer sexualpädagogischer Literatur beschäftigt, der stößt häufig in grundsätzlichen didaktischen Abhandlungen, in Lehrbüchern und in Schülermaterialien auf eingestreute völkerkundliche Befunde und entsprechende Literaturhinweise. Aus diesem Grund soll hier darauf eingegangen werden.

Bei seinen Funden staunt der Lehrer vielleicht besonders über zwei Punkte:

1. darüber, daß Sexualsitten weit entfernt lebender Völker mit einem gegenüber uns gänzlich anderen kulturellen Hintergrund und einer völlig anderen Gesellschaftsstruktur überhaupt in Veröffentlichungen Erwähnung finden, die sich um die Theorie und Praxis einer zeitgemäßen, unseren Problemen sich stellenden Sexualpädagogik bemühen; und

2. darüber, daß von den Autoren solcher Veröffentlichungen aus der Fülle des vorliegenden völkerkundlichen Materials offenbar immer die gleichen Beispiele herangezogen werden.

Es handelt sich hauptsächlich um Stämme und Völker der Südsee: die Mundugumor, die Arapesh, die Tschambuli, die Samoaner und die Manus; ferner wird verwiesen auf die X-Gruppe, ein Volk im südwestlichen Pazifik, und die Muria in Indien.[1] Was an ihnen hervorgehoben wird, ist ihre im Verhältnis zu uns andere Auffassung von den Geschlechtsrollen von Männern und Frauen und/oder ihre insgesamt oder auf Teilgebieten permissive Einstellung zur Sexualbetätigung ihrer Kinder und Jugendlichen.

Schon mit der Nennung dieser Themen ist das erkenntnisleitende Interesse derer aufgedeckt, die jene völkerkundlichen Beispiele auswählten und verwenden. Es geht ihnen darum, anhand der Vielfalt von Formen den kulturspezifischen Grundzug aller Sexualsitten und Geschlechtsrollenmuster und gleichzeitig ihre Veränderbarkeit aufzuzeigen; und es geht einem Teil von ihnen darum, möglichst unmittelbar wirkende Vorbilder für das Sexualverhalten unserer Jugendlichen anzubieten. Wenn gezeigt und begriffen wird, daß die Normen der Sexualität erheblich anders sein können als bei uns, dann soll die Schlußfolgerung

[1] Vgl. *M. Mead,* Leben in der Südsee. Jugend und Sexualität in primitiven Gesellschaften, München 1965; *W. Davenport,* Sexual Patterns and their regulation in a society of southwest Pacific, in: Sex and Behavior, ed. by F. A. Beach, NewYork–London–Sydney 1965; *V. Elwin,* The Muria and their Ghotul, Oxford 1942. Mitgeteilt und empfohlen von H. Kentler, Literatur zur Sexualerziehung, in: H. Kentler u. a., Für eine Revision der Sexualpädagogik, München (Juventa) ⁴1969, 177–184; 182.

lauten, daß es auch bei uns möglich sei, geltende Normen und bestimmte Verhaltenserwartungen zu übertreten, sie abzuschaffen oder sie zu verändern.
Das Leben in einigen dieser Stämme, das anderen als unseren kulturellen Normen unterliegt, wird als lustvoll und besonders human dargestellt. Eine Nachahmung verheißt auch für uns sexuelle Befreiung, was, wenn das Gros der Jugend in diesem Sinn seine Einstellung und sein Verhalten änderte, nach der Meinung der Befürworter gleichzeitig eine Veränderung der Gesellschaft bedeutete.
Bei solcher Tendenz wird die Schwierigkeit, ja nahezu Unmöglichkeit bagatellisiert, die darin besteht, Verhaltensmuster einer fremden Gesellschaft ohne den ganzen kulturellen Hintergrund und die Gesellschaftsstruktur zu übernehmen.
Positiv ist bereits der kleinen Auswahl von Beispielen zu entnehmen, was sich bei weiterer Umschau bestätigt, daß nämlich Sexualität überall in ihrer Bewertung kulturell eingebettet und ihre Betätigung durch Konventionen normiert ist.
Was die Bemühungen um Sexualpädagogik bei uns anbelangt, so kommt es darauf an, ohne direkte Übernahme von Vorbildern aus uns fremden Kulturen Sexualität verstehen zu lehren und zu Hinweisen für ein Sexualverhalten zu gelangen, das mit seinen Formen und Normen der Verflochtenheit unserer Kultur und Gesellschaftsstruktur adäquat entspricht.

2.2 Bevölkerungslehre

2.2.1 Zur Frage nach der Notwendigkeit von Familienplanung und Bevölkerungspolitik

Keine Form von Geschlechtserziehung wird an den Fragen nach Methoden und normativen Gesichtspunkten der Empfängnisverhütung vorbeikommen. Diese Fragen erwachsen keineswegs allein aus dem menschlichen Bequemlichkeitsverlangen, die Lust der Sexualität möglichst von ihrer Last zu trennen. Private Familienplanung und staatliche Bevölkerungspolitik werden vielmehr aus Sachverhalten, die der einzelne nicht verursacht hat und für die er keine Verantwortung trägt, zu dringenden Erfordernissen.

In unserem engeren Erfahrungsraum ergeben sich diese Erfordernisse aus der dank den Fortschritten der Medizin durchschnittlich besser gesicherten Gesundheit der Frau und ihrer gesteigerten Lebenserwartung. Dadurch hat sich die Periode der Gebärfähigkeit eher verlängert, so daß von daher ohne Familienplanung die Zahl der von einer Frau geborenen Kinder größer denn je sein könnte.
Noch dringlicher aber wird das Problem der menschlichen Fruchtbarkeit (Fertilität) bei weltweiter Betrachtung angesichts der rapiden Bevölkerungsvermehrung in allen Erdteilen. Vor allem aus dieser Sicht vermag die statistische Bevölkerungslehre[2] klare Daten zur Begründung der Notwendigkeit von Familienplanung und Bevölkerungspolitik und zur Erfassung des Problems dieser sogenannten Bevölkerungsexplosion[3] beizutragen, damit bis in den Raum persönlicher Entscheidung hinein Konsequenzen gezogen werden können.

2.2.2 Die Erfassung der Daten

Die wichtigste Arbeit zur Erfassung demographischer Daten auf weltweiter Ebene leisten seit Jahrzehnten die Vereinten Nationen. Die von ihnen jährlich herausgegebenen demographischen Jahrbücher enthalten statistische Angaben über 250 ‚geographische Einheiten'. Aus den erfaßten Daten werden dann von Zeit zu Zeit Schätzungen der Entwicklung der Weltbevölkerung extrapoliert, und zwar einmal unter der Annahme konstanter Zuwachsraten, zum anderen unter der Erwartung eines sehr geringen Zuwachses und schließlich auch unter Einbeziehung einer wahrscheinlich mittleren Variante.

2 Vgl. *G. Mackenroth*, Bevölkerungslehre. Theorie, Soziologie und Statistik der Bevölkerung, Berlin 1953.

3 Ein Begriff, der von *R. C. Cook* geprägt wurde: Wer wird morgen leben? Die Krise der menschlichen Fruchtbarkeit, Hamburg 1951. – Weitere Literaturangaben zum internationalen Problem der menschlichen Fruchtbarkeit und Bevölkerungsentwicklung bei *R. König*, Die Familie der Gegenwart. Ein interkultureller Vergleich (Beck'sche Schwarze Reihe, Bd. 11), München 1974, 159, Anm. 153.

2.2.3 Die Fakten und der Trend

Die Erdbevölkerung ist bisher immer angewachsen. Nach 1800 wurde die Milliardengrenze überschritten, 1930 wurde die 2. Milliarde und schon 1960 die 3. Milliarde erreicht. Am Ende dieses Jahrhunderts, also innerhalb von 25 Jahren, wird sich die Menschheit gegenüber heute fast verdoppelt haben. Ihre Zahl wird zwischen 5,5 und 7 Milliarden betragen. Es ist also ein rapider Anstieg der Zuwachsraten zu beobachten. Während die Menschheit in der Vorzeit in tausend Jahren um ca. 2 % zunahm, wächst sie heute in einem Jahr um fast 2 %, in den Industrieländern in jährlichen Raten von 1,0 bis 1,1 %, in den Entwicklungsländern mit einer bis auf 2,5 % ansteigenden jährlichen Rate. Während daher 1920 noch 36,2 % der Weltbevölkerung in entwickelten Ländern lebten, werden es nach der mittleren Schätzung der Vereinten Nationen im Jahr 2000 nur noch 23,5 % sein. Um den Wirklichkeitsgehalt solcher Angaben und Vorausberechnungen zu ermessen, muß man bedenken, "daß die Mütter der Kinder, die bis zum Jahr 2000 geboren werden, größtenteils heute schon zur Welt gekommen sind. Als Unsicherheit bleibt also nur noch das Vermehrungsverhalten der Familien, das sich erfahrungsgemäß nicht sehr schnell ändert"[4].

2.2.4 Die Ursachen

Der außerordentliche weltweite Anstieg des Bevölkerungszuwachses in den letzten Jahrzehnten hat seinen Grund nicht in einem Anstieg der Geburtenziffern, sondern beruht fast ausschließlich auf dem Rückgang der Sterberaten. Dieser verdankt sich unmittelbar den Fortschritten der Medizin und Hygiene. Sie sorgten dafür, daß in allen Teilen der Welt die Infektionskrankheiten erfolgreich bekämpft und die Säuglingssterblichkeit erheblich vermindert wurden. Hinzu kommt, daß in den Entwicklungsländern der Rückgang der Sterbeziffer (= Zahl der auf 1000 Einwohner jährlich kommenden Toten) sehr viel rascher

[4] *H. Glubrecht,* Das Wachstum der Weltbevölkerung und seine anthropologischen Konsequenzen, in: Sozialanthropologie (Neue Anthropologie, Bd. 3; dtv-Wissenschaftliche Reihe, Nr. 4071), Stuttgart 1972, 33–71; 36.

erfolgt als z. B. in Europa. Daraus geht noch einmal hervor, daß in den kommenden Jahrzehnten die Erdbevölkerung hauptsächlich in den Entwicklungsländern zunehmen wird.

2.2.5 Die Folgen

Die Menschheit der Gegenwart und Zukunft steht vor gewaltigen Problemen der Daseinssicherung und Daseinsvorsorge, die ihre Brisanz nicht ausschließlich, aber doch zum erheblichen Teil aus den großen Wachstumsraten der Erdbevölkerung erhalten. Es sind in weltweiter Perspektive hauptsächlich Probleme der Ernährungssicherung, der Rohstoffversorgung, der Verstädterung, der Umweltvergiftung und der Ausbildung und Arbeitsbeschaffung vor allem für die rasch wachsende Zahl von Kindern und Jugendlichen in Entwicklungsländern. (Während in den Industrieländern durchschnittlich 28 % der Bevölkerung bis zu 14 Jahren alt sind, gehören von den Einwohnern der Entwicklungsländer durchschnittlich 42 % der Altersklasse von 0 bis 15 Jahren an.) Diese Probleme finden in zunehmendem Maße das Interesse der Öffentlichkeit (vgl. die Diskussionen um die Veröffentlichungen des Club of Rome) und müssen auch in den Schulen behandelt werden. Sie betreffen nicht nur die Entwicklungsländer, sondern mit spezifischer Zuspitzung auch die Industrieländer.

2.2.6 Fragen

Alle oben angedeuteten Probleme hängen mit der Notwendigkeit zusammen, immer mehr Menschen zu versorgen. Daß ihre Zahl eher abnimmt als zunimmt und daß dadurch die Lösung der Probleme erleichtert wird, müßte das Ziel einer fast allgemein für dringend erforderlich gehaltenen weltweiten Familienplanung sein.
In diesem Zusammenhang taucht nicht nur die Frage nach der Verantwortung jedes einzelnen auf, sondern auch die nach der Berechtigung und den Methoden staatlicher Bevölkerungspolitik. Dazu vermag die Bevölkerungslehre direkt nichts zu sagen – außer daß sie die Konsequenzen aufzeigt, die zu erwarten sind, wenn alles weiter so verläuft wie bisher.

Die staatliche Bevölkerungspolitik wird man nicht unmittelbar im Rahmen der schulischen Geschlechtserziehung behandeln, wohl aber die Fragen nach der persönlichen Einstellung und Verantwortung im Zusammenhang mit Empfängnisverhütung und Familienplanung. Manchmal werden ihnen Thesen entgegengestellt, die ihre Dringlichkeit für uns in den Industrieländern relativieren sollen. Es heißt etwa, den wachsenden Menschenzahlen der Entwicklungsländer, z. B. Chinas, müßten die westlichen Staaten ebenfalls große Menschenzahlen entgegensetzen, um nicht übermächtigt zu werden. Dieser These kann die Bevölkerungslehre zusammen mit der Politikwissenschaft dadurch begegnen, daß sie darauf hinweist, daß große Bevölkerungszahlen allein noch nicht viel politisches Gewicht bedeuten. Hervorragende politische Organisation und hoher wissenschaftlich-technischer Entwicklungsstand ergeben selbst für kleinere Nationen ein hohes politisches Gewicht, während laufende Bevölkerungsvermehrung selbst entwickelte Staaten vor immer schwieriger zu lösende Probleme stellt.
Darum ist es auch generell nicht richtig, wenn ferner häufig gesagt wird, verstärkte Geburtenplanung solle nur in Entwicklungsländern durchgeführt werden; die Industrieländer hätten sowieso bereits geringere Zuwachsraten ihrer Bevölkerung. Ein Geburtenrückgang bei uns würde sogar große wirtschafts- und sozialpolitische Probleme aufwerfen. Darauf erwidert die Bevölkerungslehre, daß die Probleme schon bei einer Konstanz der Geburtenziffern und erst recht bei einer Zunahme des Bevölkerungswachstums größer würden. Eine noch etwas steigende mittlere Lebenserwartung und eine leichte Abnahme des Bevölkerungsanteils in der mittleren Altersgruppe aufgrund eines Geburtenrückgangs seien in der Altersverteilung (sog. Alterspyramide) der Bundesrepublik durchaus zu bewältigen. Eine steigende Bevölkerungszunahme bei wachsenden Ansprüchen an den Lebensstandard läßt jedoch für die Energie-, Wasser- und Rohstoffversorgung, für Entsorgung der Bevölkerung von Müll und Abfällen, für die Reinhaltung der Umwelt und für die soziale Bewältigung der Bevölkerungsverdichtung selbst in einem Industriestaat viel schwerer wiegende Probleme entstehen, als sie durch ei-

nen leichten Rückgang der Bevölkerungszahl verursacht werden können.

2.3 Soziologie

2.3.1 Geschlechtsrollenproblematik und Sozialisation

Eine fast gleichlautend in zunehmendem Maße an den Politikunterricht wie an die Sexualerziehung gestellte Forderung lautet, es sei ein neues Verständnis der sozialen Geschlechtsrollen von Mann und Frau – hauptsächlich aber der sozialen Geschlechtsrolle der Frau – anzubahnen.

Die Motive, die zu einer solchen Forderung führen, sind unterschiedlich. Manchmal ist die angestrebte Veränderung der Geschlechtsrollen nur ein Teilziel auf dem Weg zur radikalen Veränderung der als spätkapitalistisch bezeichneten Gesellschaft über die Zerstörung der jetzt vorherrschenden Ehe- und Familienform (vgl. 2.3.4.5 und 2.5.3.2–2.5.3.3); häufiger wird die erwähnte Forderung jedoch damit motiviert, daß ihre Verwirklichung eine bessere Anpassung der einzelnen in ihrer künftigen Ehe und Familie an die veränderten gesellschaftlichen Bedingungen bewirke. In jedem Fall sind es Sozialwissenschaften, denn das einschlägige Vokabular (Rollenbegriff: allgemeine Soziologie), die Beweise für die kulturelle Prägung der Geschlechtsrolle (Vergleichende Völkerkunde, Kulturanthropologie) und das Wissen um Möglichkeiten der Veränderung des Rollenverständnisses (Sozialisationstheorie mit Anregungen aus verschiedenen Wissenschaften und Forschungsgebieten[5]) entnommen werden. Dieser Hinweis mag zur Genüge andeuten, wie vielschichtig die angesprochene Geschlechtsrollenproblematik ist.

Die Zweigeschlechtlichkeit ist bei der Spezies Mensch zwar ein biologisches Grundphänomen, aber dieses biologische Grundphänomen determiniert keineswegs voll alles das, was unter dem Begriff Geschlechtsrolle verstanden wird. Mit der Ausbildung der morphologischen Geschlechtsmerkmale ist die menschliche

[5] Vgl. Sozialisationstheorie, hg. von D. Kamper (Studienführer zur Einführung in das kritische Studium der Erziehungs- und Sozialwissenschaften), Freiburg–Basel–Wien 1974.

Geschlechtsdifferenzierung nicht abgeschlossen, sondern sie wird erst endgültig durch eine Erziehung, die es fertigbringt, daß jemand sich mit seiner Geschlechtsrolle identifiziert. Biologische Faktoren interagieren also so mit psychischen und sozialen Faktoren, daß die endgültige Geschlechtsidentität aus diesen drei Komponenten zusammengesetzt gedacht werden kann.[6]

Ein dreijähriges Kind hat von seiner Geschlechtsidentität erst eine ziemlich vage Vorstellung; und „eine stabile begriffliche Identifizierung der Geschlechtsunterschiede erfolgt nicht vor dem fünften Lebensjahr".[7] Dabei erkennen Kinder aus der Unterschicht die Unterschiede zwischen den Geschlechtern und das passende Geschlechtsrollenverhalten eher als Kinder aus der Mittelschicht. Hier wirkt sich der soziale Einfluß aus, denn in der Unterschicht sind die Maßstäbe für Männlichkeit und Weiblichkeit offenbar deutlicher akzentuiert, und eine Übernahme dieser Maßstäbe, die ja zugleich Rollenerwartungen darstellen, wird rigider durchgesetzt als in anderen Schichten. In allen Schichten unseres Kulturraums aber erkennen Jungen ihre ihnen zugewiesene soziale Geschlechtsrolle eher als Mädchen, was darauf zurückgeführt wird, daß die Mädchenrolle weniger klar definiert ist als die Rolle der Jungen bzw. die der Männer. Natürlich sind bei dieser schon im Rahmen der Primärsozialisation erfolgenden Rollenzuweisung tradierte Stereotype und Vorurteile von großer Bedeutung.

Die Geschlechtsrollenerwartung wird an die Kinder herangetragen durch die für Jungen und Mädchen unterschiedliche Behandlung und Verhaltensnormierung, ferner durch unterschiedliche Kleidung, Haartracht, Spielsachen, Spiele, Bücher und getrennte Toiletten; aber auch durch spezifische kundgemachte Erwartungen der Eltern in bezug auf Leistung, Betragen und emotionalen Ausdruck ihrer Kinder. Auf diese Weise und außerdem durch die Gleichaltrigengruppe, die Massenmedien und später auch zum Teil durch die Schule werden Trennung und Rivalität zwischen den Geschlechtern verstärkt.

[6] Vgl. *D. P. Ausubel*, Das Kindesalter. Fakten, Probleme, Theorie, München 1974, 406–415.

[7] Ebd. S. 407.

Für die Übernahme der sozialen Geschlechtsrolle ist die Pubertät bei beiden Geschlechtern von großer Bedeutung. Die deutliche Ausprägung des männlichen und weiblichen Körpertypus in dieser Zeit macht offenbar den Jugendlichen die auf den Mann und die Frau bezogenen sozialen Erwartungen und Bewertungen stärker bewußt. Das veranlaßt sie, sich betont die Persönlichkeitsmerkmale zuzulegen, die mit diesen Rollenerwartungen verbunden sind. Allerdings können sie, da sie als Jugendliche noch nicht voll in die Gesellschaft aufgenommen sind, ihre soziale Geschlechtsrolle nur in der Gruppe ihrer Altersgenossen spielen. Obwohl gerade von den Jungen für ihren Erwachsenenstatus weiterreichende Veränderungen ihrer Persönlichkeit erwartet werden als von den Mädchen, ist die Diskontinuität der sozialen Geschlechtsrollen während des Jugendalters im Vergleich zum Erwachsenendasein nicht besonders groß. Die wesentlichen Rollenerwartungen sind schon vorher vermittelt und werden in den Subkulturen der jugendlichen Gleichaltrigengruppen beständig verstärkt. Dazu gehören bei uns die anscheinenden Selbstverständlichkeiten, daß soziale Machtpositionen und Privilegien für beide Geschlechter unterschiedlich zugänglich sind und daß das Leitbild des Mannes bzw. der Männlichkeit weithin dominiert, so daß wir in der sozialen Wirklichkeit von der Gleichberechtigung der Frau, die gesetzlich verankert ist, noch weit entfernt sind.[8]

Die Verwendung des soziologischen Rollenbegriffs bei der Behandlung der Geschlechts-‚Rollen' läßt nach einem gewissen vordergründigen Verständnis zunächst an eine unkorrigierbare Anpassung an ein entsprechendes tradiertes Bild von ‚dem Mann' oder ‚der Frau' und ihren sozialen Verhaltensmustern denken. Gleichgültig, ob dieses ‚Bild' nur den Anschein der biologischen Selbstverständlichkeit für sich hätte oder ob es auf dem Einverständnis einer bestimmten Kultur mit vielleicht inzwischen als falsch erkannten Vorurteilen beruhte, es würde sich aufgrund der den familialen und gesellschaftlichen Erwartungen korrespon-

[8] Vgl. *D. P. Ausubel,* Das Jugendalter. Fakten, Probleme, Theorie, München ²1970, 395–402.

dierenden Sanktionen und Kontrollen unverrückbar auf- und eingeprägt haben, ehe es in der Schule evtl. ‚hinterfragt' werden könnte. Eine solche Vorstellung von Sozialisation als einem unausweichlichen Konditionieren für bestimmte Rollenübernahmen (role-taking) wird verständlicherweise auf Proteste gerade solcher Erzieher stoßen, die intentional eine unverwechselbare persönliche Identität ihrer Schüler anstreben. Sie übersehen aber dabei, daß neuere Rollenkonzepte ihrer Absicht entgegenkommen, indem sie eine andere Erklärungsmöglichkeit für Sozialisationsprozesse als die oben angedeutete bieten und dadurch auch der Schule als einer Stätte sekundärer Sozialisation Veränderungschancen offenlassen.

„Mit Sozialisation werden alle Prozesse bezeichnet, durch die der menschliche Organismus in der Vielfältigkeit soziokultureller Lernprozesse seine Ungerichtetheit abstreift und seine Identität als handlungsfähige Person in einem System sozialer Rollen gewinnt."[9] Vermag man dieser Definition zuzustimmen, so läßt sich einsehen, daß jenes neue Rollenkonzept selbst bei einer zugewiesenen Rolle – wie es die Geschlechtsrolle ist – nicht bloß Verinnerlichung (Internalisierung) der von außen herangetragenen Verhaltenserwartungen verlangt, sondern in wachsendem Maße eine Ich-Leistung verwirklicht sehen möchte, die in der individuellen Gestaltung jeder Rolle oder auch in der Mitwirkung an der Neudefinierung der sozialen Erwartungen bezüglich einer Rolle besteht. Jene Ich-Leistung in der Rollengestaltung wird auch als role-making bezeichnet. Als individuelle Gestaltung jeder zugewiesenen oder erworbenen Rolle schließt sie Rollendistanz und Ambiguitätstoleranz ein.

Rollendistanz meint die Fähigkeit, zugemutete Rollenerwartungen nicht einfach zu übernehmen, sondern sie zunächst einmal – gewissermaßen mit geistigem Abstand – zu interpretieren, um ihnen dann in der eventuellen Ausführung die persönliche Prägung zu geben.

Ambiguitätstoleranz besagt die Fähigkeit, sogar mit konkurrie-

[9] *W. Gottschalch, M. Neumann-Schönwetter, G. Soukoup,* Sozialisationsforschung. Materialien, Probleme, Kritik, Frankfurt 1971, 45.

renden und einander widersprechenden Rollenerwartungen fertig zu werden, sie nicht auszuschließen, sondern sie in die persönliche Handlungsstrategie des Rollenverhaltens mitaufzunehmen. Wenn also eine Verbindung von Sozialisations- und Rollentheorie die geschilderte Ich-Leistung ermöglicht, ja geradezu fordert, so ist nicht einzusehen, warum sie nach der Meinung vieler gerade bei der Gestaltung der sozialen Geschlechtsrollen nicht zugelassen oder höchstens als Außenseiterposition geduldet sein sollte.

Es müßte vielmehr Verständnis und Zustimmung dafür entwikkelt werden, daß Frauen die massiven, ungerechtfertigten Vorurteile, die bei uns ihre soziale Geschlechtsrolle belasten, aufgehoben wissen wollen.

Daß es diese Vorurteile gibt und daß sie unberechtigt sind, hat die Vorurteilsforschung erwiesen.

Und daß das bei uns geltende soziale Rollenverständnis von Mann und Frau nicht unveränderlich zu sein braucht, da es eben nicht in erster Linie biologisch bedingt ist, dafür hat die Kultursoziologie und vergleichende Völkerkunde genügend Material beigebracht. Es gibt Gesellschaften, in denen Männer und Frauen fast unterschiedslos dieselben Rollen spielen – entweder unserer Männer- oder unserer Frauenrolle ähnlich; es gibt aber auch Gesellschaften, in denen Frauen unsere ‚männliche' und Männer unsere ‚weibliche' Rolle spielen; und es gibt mutterrechtliche Stämme, in denen Frauen gesellschaftliche Aufgaben wahrnehmen. Dies zur Kenntnis zu nehmen, heißt nicht, für eine Übernahme der in diesen anderen Kulturen ausgeprägten Geschlechtsrollenmuster bei uns einzutreten, sondern sollte zur Folge haben, unsere Geschlechtsrollen nicht für selbstverständlich und unveränderbar zu halten. Ob und in welcher Weise sie zu verändern sind, müssen die daran Interessierten sagen und im Lauf der vom Menschen vorangetriebenen gesellschaftlichen Entwicklung durchzusetzen versuchen. Dabei brauchen nicht sämtliche Unterschiede zwischen den Geschlechtern und damit die Vielfältigkeit der Gesellschaft aufgegeben zu werden, sondern es sollten bei Bejahung der ganzen Skala menschlicher Möglichkeiten die Begabungen bei beiden Geschlechtern in gleicher Weise anerkannt und gefördert werden. Das gilt von der Gesamtgesellschaft, sollte aber in besonderer Weise für das Schulwesen verpflichtend sein. Wesentliche Elemente der Persönlichkeitsstruktur sind zwar im Verlauf der frühen Kindheit grundgelegt worden, aber im Zuge der sekundären Sozialisation sollte vor allem die Schule ihre Chance nutzen, helfen zu können, die Auffassung von den Geschlechtsrollen menschenwürdig und gesellschaftsdienlich zu gestalten.

2.3.2 Geschlechtsrollenproblematik und Frauenemanzipation

Die Ausweitung des Arbeitskräftebedarfs in der industriellen Gesellschaft und Fortschritte auf medizinischem Gebiet veranlaßten Frauen, sich durch eine Veränderung ihrer sozialen Geschlechtsrolle an die neuen gesellschaftlichen Möglichkeiten und Erfordernisse anzupassen. Andere Verläufe des Familienzyklus (Geburt von weniger Kindern in jüngeren Jahren und in einem engeren Zeitraum) als noch vor einigen Generationen, Berufsausbildung und Erwerbstätigkeit sind weitere Chancen für die Frauen, sich von dem traditionellen, heute weitgehend als einengend empfundenen Leitbild frei zu machen.
Insgesamt gesehen, sind die Emanzipationsbestrebungen organisierter Frauenbewegungen und einzelner Frauen in unserer Gesellschaft noch nicht allzu erfolgreich verlaufen.
Es gibt für Mädchen noch manche schulischen Nachteile; die meisten der erwerbstätigen Frauen haben ihren Arbeitsplatz in den unteren Rängen der Produktion, des Verkaufs und der Verwaltung; die vielen Frauen im Angestelltenverhältnis haben nahezu immer Männer über sich, die ihnen die Anweisungen erteilen; die Frauenarbeitslöhne und Angestelltenverdienste von Frauen liegen auffällig unter denen der männlichen Kollegen (und dies gilt selbst dann noch, wenn man berücksichtigt, daß ca. 25 % der erwerbstätigen Frauen Teilzeitarbeit verrichten); die Aufstiegsmöglichkeiten sind für Frauen schwieriger zu realisieren als für Männer; die Mehrzahl der erwerbstätigen Frauen trägt die Doppelbelastung des Haushalts (meist auch der Kindererziehung) und der Berufstätigkeit, ohne doch mehrheitlich lieber Nur-Hausfrau sein zu wollen.

Bedenkt man die Ergebnisse empirischer Sozialforschung, so wird deutlich, daß sich bei einer emanzipatorischen Änderung der Auffassung und Ausgestaltung der sozialen Geschlechtsrolle der Frau auch die soziale Geschlechtsrolle des Mannes ändern müßte. Doch ist bei den Männern die Bereitschaft zur Veränderung ihrer eigenen Rolle noch recht gering. Zur Berufstätigkeit der Ehefrau finden sich z. B. bei den Männern unterschiedlicher sozialer Schichten sehr unterschiedliche Auffassungen. Und die Hilfe, die Männer ihren erwerbstätigen, also doppelbelasteten Ehefrauen im Haushalt zukommen lassen, ist in allen Schichten durchschnittlich nur eine gelegentliche.

Wenn noch vor wenigen Jahren mehr als die Hälfte der 23jährigen Männer von ihrer künftigen Ehefrau in erster Linie ‚Häuslichkeit' und ‚Mütterlichkeit' erwartete, erweist sich an diesem Datum klar, daß die Frauenemanzipation, die nicht zuletzt vom ökonomischen Bedarf unserer Gesellschaft her erwartet wird, in erheblichem Maß ein Problem der männlichen sozialen Geschlechtsrolle darstellt.

Die Problematik veränderter sozialer Geschlechtsrollen für die Sozialisationsfunktion der Familie wird in 2.3.4.5 behandelt.

2.3.3 Kinder- und Jugendsexualität. Verhalten und Einstellung

Bei entsprechendem Aufwand wäre die empirische Sozialforforschung in der Lage, sehr exakte Daten über die Einstellung von Kindern und Jugendlichen hinsichtlich ihrer Geschlechtlichkeit zu liefern. Tatsächlich liegen Untersuchungen jedoch nicht in wünschenswerter Zahl vor, so daß für Kinder vor der Pubertät nur spärliche Aussagen gemacht werden können und die vorliegenden Untersuchungsergebnisse über Jugendliche nur mit einer gewissen Vorsicht verallgemeinert werden können. Die Korrelation verschiedener Faktoren – wie Zeitpunkte der Untersuchungen, Zugehörigkeit der untersuchten Gesamtheiten zu bestimmten Sozialschichten und unterschiedliches Alter der in verschiedenen Befragungen untersuchten Jugendlichen – ist gerade für den Versuch einer Zusammenschau und Trendanalyse der Ergebnisse nicht unproblematisch, was in den veröffentlichten Untersuchungen und Berichten darüber meistens auch nicht

verschwiegen wird. Auf alle Fälle aber muß bei der Interpretation der kumulativen Häufigkeit bestimmter Einstellungen oder sexueller Verhaltensweisen dem normierenden Einfluß, den das bloß Faktische auf viele ausübt, widerstanden werden.
An dieser Stelle können unmöglich alle Ergebnisse der sexualkundlich relevanten empirischen Untersuchungen referiert werden. Vielmehr soll nur auf einige vielleicht überraschende, vor allem jedoch gewichtige Untersuchungsbefunde aufmerksam gemacht werden, die das Interesse an der Lektüre der weiter hinten angegebenen Berichte und Forschungsbeiträge wachrufen sollen.

2.3.3.1 Latenzphase soziologisch problematisiert
Für die kindliche Altersphase von 6–12 Jahren behauptet die Entwicklungspsychologie im Anschluß an die Ausführungen von Freud häufig eine Latenzphase, die durch ein Ruhen der psychosexuellen Entwicklung gekennzeichnet sei. Empirische Sozialforschung hat zwar eine gewisse soziale Geschlechtertrennung in dieser Altersphase bestätigt, bietet aber daneben genügend Material, um vor dem Bestehen auf einer genuin sexuellen Latenz abraten zu können und die traditionellen Vorstellungen von der Latenzphase als nicht mehr haltbar erscheinen zu lassen. Allerdings zeigen sich in diesem Material Unterschiede, die aus der Zugehörigkeit der untersuchten Kinder zu verschiedenen gesellschaftlichen Gruppen herrühren. Die Ergebnisse zeigen jedoch hinlänglich, daß bei den Kindern allgemein das anscheinende Desinteresse an der Geschlechtlichkeit und am anderen Geschlecht sehr vordergründig ist. Es gibt Freundschaften zu Kindern des anderen Geschlechts, vorpubertäre Masturbationserfahrungen sowie homo- und heterosexuelle Spiele der Kinder in dieser Altersphase – von einer Zunahme des Sexualwissens und der Übernahme kulturbedingter moralischer Wertungen der Sexualität in dieser Zeit ganz zu schweigen. Die im Verlauf des Schulkindalters zunehmenden sexuellen Interessen und Aktivitäten scheinen in engem Zusammenhang mit der Einübung und Verfestigung der Geschlechtsrolle zu stehen.

2.3.3.2 Pubertätsbeginn vorverlegt

Der Beginn der Pubertät mit ihren typischen Merkmalen ist von Mensch zu Mensch verschieden und schwankt auch zwischen den verschiedenen Gesellschaften. Außer von der Geschlechtszugehörigkeit und genetischen Faktoren scheint das Pubertätsalter auch vom Ernährungszustand und von allgemeinen kulturellen Einflüssen abzuhängen. Erhebungen über den Beginn der Geschlechtsreife bei Mädchen (Menarche) haben für die westeuropäischen Länder und für die Vereinigten Staaten von Nordamerika seit der Mitte des vorigen Jahrhunderts eine durchschnittliche Vorverlegung von etwa vier bis fünf Monaten pro Jahrzehnt festgestellt. In der Bundesrepublik dürfte gegenwärtig die erste Menstruation von den Mädchen mit durchschnittlich 12,8 Jahren erlebt werden; die erste Ejakulation von den Jungen durchschnittlich ein Jahr später. Wichtig für die Sexualerziehung ist die Feststellung, daß sexuelle Aktivität keineswegs in zeitlich zwingender Abhängigkeit vom Beginn der körperlichen Reifung aufgenommen wird. Dies gilt vor allem von den Mädchen. Es zeigt sich vielmehr, daß sexuelle Aktivität in ihren verschiedenen Formen stark von kulturellen und erzieherischen Einflüssen der verschiedensten Art abhängig ist. Zweifellos drängen in unserer Zeit viele kulturelle und soziale Faktoren die Jugendlichen in Richtung einer frühzeitigen und exzessiven sexuellen Aktivität. Nur sollte man dafür nicht einen biologischen Triebdruck für alleinursächlich ansehen, der der kulturellen und personalen Steuerungsmöglichkeit entzogen wäre.

2.3.3.3 Zwischen 1960 und 1970 hat das Sexualverhalten der Jugendlichen sich quantitativ verändert

In allen Untersuchungen – gleich in welcher sozialen Schicht und Altersstufe der Jugendlichen sie durchgeführt wurden – ist nach dem individual- und soziosexuellen Verhalten gefragt worden. Zu diesen Formen des sexuellen Verhaltens, wie Masturbation, Petting und Koitus, wurden die Daten erhoben, die dann auch schichtspezifisch und geschlechtsspezifisch ausgewertet worden sind, jedoch vor allem beim Vergleich der untersuchten Gruppen und beim Versuch einer Trendanalyse von besonderem

Interesse sind. Außerdem werden auch gern Vergleiche mit ähnlichen Forschungsbeiträgen aus anderen Ländern durchgeführt.
Bei einer Zusammenschau der Ergebnisse der sogenannten Studenten-, Arbeiter- und Schülerbefragung, d. h. beim Vergleich von Jugendlichen mit hoher (= zeitlich langer) und mit niedriger (= zeitlich kürzerer) Schulbildung hat sich hinsichtlich des Trends der Jugendsexualität zwischen 1960 und 1970 in der Bundesrepublik Deutschland folgendes ergeben:
a) Das Alter bei der ersten Masturbation ist zwischen 1960 und 1970 bei Jungen mit hoher und niedriger Schulbildung nur geringfügig, bei Mädchen mit hoher Schulbildung dagegen deutlich vorverlegt worden. Dabei hat sich bei diesen Mädchen die Masturbations*erfahrung*, nicht aber auch die Masturbations*häufigkeit* verändert. 1970 hatten doppelt so viele höhere Schülerinnen zwischen 13 und 16 Jahren Masturbationserfahrungen wie 1960 die gleiche Altersschicht. Bei Mädchen mit niedriger Schulbildung konnten keine Veränderungen festgestellt werden. Für Jungen mit hoher wie mit niedriger Schulbildung stellte und stellt – ganz im Unterschied zu den Mädchen – Masturbation die verbreitetste Form der sexuellen Aktivität dar.
b) Der Beginn *sozio*sexueller Aktivitäten (Dating, Kissing, Petting) ist bei Jungen und Mädchen mit niedriger Schulbildung deutlich vorverlegt worden. (Für Jugendliche mit hoher Schulbildung ist in den angezogenen Untersuchungen in dieser Hinsicht keine Trendanalyse möglich.) Bei 50 % dieser Jugendlichen (15- bis 16jährige) betrug 1970 die Vorverlegung bei den einzelnen Formen zwischen 1,1 und 2,3 Jahren gegenüber dem Median der Jugendlichen von 1960.
c) Die Jugendlichen am Ende der Dekade von 1960 bis 1970 erlebten ihren ersten Koitus durchschnittlich in deutlich jüngerem Alter als die Jugendlichen zu Beginn dieser Dekade. Dies gilt besonders von den Jungen und Mädchen mit hoher Schulbildung. Aus dieser Gruppe haben vor dem 17. Lebensjahr 38 % der Jungen und 26 % der Mädchen Koituserfahrung. Das sind gegenüber den Verhältnissen um 1960 in dieser Altersschicht rd. 30 % mehr Jungen und rd. 20 % mehr Mädchen. Auch bei den Gruppen mit niedriger Schulbildung ist es zu einem Anstieg der ku-

mulativen Verbreitung der Koituserfahrung in diesen Jahren gekommen. Gegenüber der schon früher in unteren sozialen Schichten erheblich früheren und häufigeren vorehelichen Koituspraxis ist der Anstieg der kumulativen Häufigkeit allerdings nicht so ausgeprägt wie bei der Gymnasiasten-Gruppe. Deren neue Praxis führte während der Dekade zwischen 1960 und 1970 dazu, daß es zu einem weitgehenden Ausgleich schichtspezifischer Unterschiede im Hinblick auf das Alter beim ersten Koitus gekommen ist. Es gibt bei Jugendlichen verschiedener Schulbildungsschichten nur noch ganz geringe Unterschiede hinsichtlich der kumulativen Verbreitung vorehelicher Koitusbeziehungen.

2.3.3.4 Die Einstellung der Jugendlichen zur Sexualität ist permissiver, gleichheitlicher und lustvoller geworden

Die Einstellung der Jugendlichen zur Sexualität hat sich nicht ebenso deutlich gewandelt wie ihr sexuelles Verhalten. Wird nach der Einstellung zu vorehelichen sexuellen Beziehungen gefragt, so vertreten bei Jugendlichen mit hoher Schulbildung wie bei Jugendlichen mit niedriger Schulbildung überwiegende Mehrheiten permissive und gleichheitliche voreheliche Standards. Dabei wird der Standard ‚Freizügigkeit bei Liebe', d. h., vorehelicher Geschlechtsverkehr wird für Männer und Frauen gleichermaßen akzeptiert, wenn eine Liebesbeziehung besteht, deutlich häufiger vertreten als der Standard ‚Freizügigkeit ohne Liebe'. Eine Doppelmoral, die das voreheliche Verhalten von Mädchen anders beurteilt als das von jungen Männern, wird nur von einer Minderheit (unter 30 %) vertreten. Als Trend ist noch festzustellen, daß, während um 1960 Jugendliche, besonders Mädchen, dahin tendierten, ihre voreheliche Koitusaktivität auf den späteren Ehepartner zu beschränken, die Einstellung zehn Jahre später dahin verändert war, mehrere aufeinanderfolgende feste Freundschaften mit gefühlsmäßiger Bindung und Geschlechtsverkehr vor der Ehe für möglich zu halten. Doch wird während der jeweiligen festen Freundschaft mehrheitlich jedesmal gegenseitige Treue erwartet. In diesen Zusammenhang gehört, daß die um das Jahr 1970 befragten Mädchen ihren ersten Koitus häufiger als die um 1960 befragten Mädchen mit einem festen Freund erlebten, die Initiative dazu häufiger gegenseitigem Verlangen und nicht nur einseitigem Drängen des Mannes zuschrieben und den Koitus häufiger glücklich und seltener enttäuscht erlebten.

Wird nach der Einstellung zu Partnerschaft und Ehe gefragt, so wird – wie schon oben referiert – erkennbar, daß trotz der ‚konsumorientierten' zeitlichen Vorverlegung der sexuellen Aktivitäten und darunter auch des ersten Koitus eine manchmal von den Forschern ‚romantisch' bezeichnete Einstellung zur Liebe vorherrscht. Sie soll aus partnerschaftlicher Zuwendung bestehen und auf gegenseitiger Treue basieren. Dem entspricht, daß um 1970 sieben bis acht Zehntel der Jugendlichen entschlossen waren, später einmal zu heiraten und Kinder zu haben, und daß auch nach einer jüngeren Untersuchung von 11- bis 16jährigen $^{2}/_{3}$ der heute 15- bis 16jährigen einmal heiraten wollen; $^{1}/_{3}$ will in einer eheähnlichen Partnerschaft leben, jedoch kaum jemand in einer Gruppe mit anderen Männern und Frauen zusammen. Bei dieser jüngeren Untersuchung stellte sich auch heraus, daß $^{3}/_{4}$ der 14- bis 16jährigen Mädchen die Doppelbelastung von hausfraulicher und beruflicher Tätigkeit bejahten gegenüber nur knapp $^{1}/_{3}$ der gleichaltrigen Jungen. Hier scheint die gegenwärtige soziale Situation voll internalisiert zu sein, während ein Auffassungswandel der Rolle des Mannes im Haushalt noch nicht in Sicht ist.

2.3.4 Die Familie in unserer Industriegesellschaft

Geschlechtererziehung kann sich nicht nur von der Sexualwissenschaft her verstehen und bei der physiologischen und psychologischen Aufklärung über Sexualität stehenbleiben. Die pädagogische Konsequenz aus der Tatsache, daß die meisten Jugendlichen in Bejahung der ältesten menschlichen Institution einmal eine Ehe eingehen und eine Familie gründen wollen, und der Blick auf die Theorie der schulischen Geschlechtererziehung, die auf umfassende Hilfe bei der Bewältigung gegenwärtiger und künftiger Lebenssituationen abzielt, dürfte es unmöglich machen, sich in der Geschlechtererziehung auf die Behandlung der Sexualität zu beschränken. Es wird im Unterricht vielmehr nötig sein,

aus verschiedenen Perspektiven über Ehe und Familie in der industriellen Gesellschaft der Gegenwart und ihre Chancen in der Zukunft zu sprechen.
Die Familiensoziologie vermag dazu einen Teil der erforderlichen Begrifflichkeit und die Gegenwartsbeschreibung beizusteuern sowie zusammen mit der Bevölkerungswissenschaft auch einiges zur Trendanalyse zu sagen.

2.3.4.1 Vielfalt der Familientypen

Mehr als früher muß heute der Unterschied von Ehe als individuellem Bund zweier geschlechtsverschiedener Personen und Familie als einer sozialen Gruppe, die in jedem Fall mehr Personen umfaßt als nur das Ehepaar, beachtet werden. Doch wenn die familiensoziologische Betrachtung sich hauptsächlich auf die Gruppe, die Familie, konzentriert, wird sie für die Vergangenheit und Gegenwart eine Vielzahl gleichzeitig existierender Familientypen konstatieren. Sie decken sich nicht mit den verschiedenen einzelnen Kulturräumen, sondern existieren auch innerhalb ein und derselben Gesellschaft und spiegeln Unterschiede der sozialen Schichten und der Regionen (z. B. Stadt und Land). Dementsprechend ist auch die Autonomie der Familie von der übrigen umgebenden Gesellschaft sehr verschieden ausgeprägt, wenn auch die Feststellung richtig ist, daß die Autonomie der Familientypen der Gegenwart trotz der Tendenz zur Privatisierung und Individualisierung von Ehe und Familie immer mehr schwindet. Falsch wäre es dagegen zu sagen, der Unterschied zwischen der Familie von früher und der von heute bestehe nur in der Größe, so daß es zutreffend sei, im Hinblick auf Vergangenheit und Gegenwart von der Großfamilie und von der Kleinfamilie zu sprechen.
Die Großfamilie ist ein immer möglicher Typ der sogenannten ‚erweiterten Familie', deren Erweiterung auf verschiedene Weise entstanden sein und Bestand haben kann; und was häufig mit Kleinfamilie bezeichnet wird, ist ein ebenfalls immer existent gewesener Familientyp, der in unserer Gesellschaft allerdings zur Regel geworden ist, der aber nicht immer zahlenmäßig klein zu sein braucht und daher seinem Hauptmerkmal entsprechend

richtiger ‚Kernfamilie' genannt wird. Die Kernfamilie ist die Gruppe aus einem Ehepaar und unmündigen Kindern, die in der Regel von diesem Ehepaar abstammen.

2.3.4.2 Kernfamilie als universelle Erscheinung

Bei einem Vergleich der Kulturen stieß G. P. Murdock (Social Structure, New York – London [3]1967) überall auf die erkennbare Struktur der Kernfamilie. Deswegen und wegen der beim Menschen untrennbaren Verbindung von biologischer Erhaltung und längerfristiger sozialer Erziehung des Nachwuchses wird das in der Kernfamilie sich ausdrückende und als Selbstverständlichkeit übernommene Verhalten von den meisten Kulturanthropologen und Familiensoziologen als universelle menschliche Institution angesehen, von der sie überzeugt sind, daß sie sich auch gegen große äußere Widerstände immer wieder durchzusetzen vermag. Damit aber gehöre sie gewissermaßen zu den anthropologischen Konstanten.
Kritik gegenüber dieser Ansicht wird geäußert, wenn diese Auffassung mit einer Vernachlässigung der historischen Erscheinungsbilder und Wandlungen der Familie einhergeht, wenn bei einer Betrachtung der Funktionen der Familie deren Beziehung zur konkreten Gesellschaftsstruktur übersehen und die Sozialisationsfunktion als die eigentliche und zentrale Funktion der Familie bestimmt wird und wenn es wegen dieser Funktionsbestimmung zu einer Glorifizierung und Apologie der neueren bürgerlichen Kernfamilie kommt, ohne ihren historischen Charakter und ihre strukturbedingten Mängel zu berücksichtigen, die von der Psychoanalyse und Sozialisationsforschung aufgedeckt wurden (z. T. autoritäre, konservative Erziehung, Überemotionalisierung, Sozialisationsschwäche besonders des Vaters u. a.).

2.3.4.3 Die Kernfamilie in unserer heutigen Gesellschaft

Während das Zusammenleben vieler Menschen in der industriellen Gesellschaft von heute sehr umfassend von Gesetzen und Verordnungen reglementiert ist und der einzelne in einer hauptsächlich zweckrational bestimmten Umwelt sich oft sehr anonym vorkommt, ist im inneren Bereich der Familienbeziehungen der Raum freien Ermessens größer denn je – vor allem weil die Familie nicht auf einen einheitlichen Zweck hin organisiert ist. Vielen erscheint Familie deshalb geradezu unabhängig von der Gesellschaft, als Gegenstruktur zu ihr – eine Meinung, die letztlich von einem ideologischen Bewußtsein zeugt, das mit der sozialen Realität nicht übereinstimmt, da die gesellschaftlichen Einwirkungen auf die Familie in Wirklichkeit sehr umfassend sind (vgl. 2.3.4.4).

Ein gegenüber früher veränderter Familienzyklus, in dem die Aufzucht- und Erziehungsphase der Kinder verkürzt und die Zeit, die die Eltern danach bei gestiegener Lebenserwartung relativ allein verbringen, verlängert ist, hat die Ehe und das Gattenpaar zur zentralen und allein dauerhaften Zone der modernen Familie gemacht. Je nachdem, in welcher zeitlichen Position innerhalb des Zyklus sich eine ‚Familie' gerade befindet (Jungehe ohne Kinder, Familie mit Kindern im Vorschulalter, mit Kindern in Pubertät und Adoleszenz, Ehe in der nachelterlichen Phase), hat sie eine sehr unterschiedliche Gestalt und steht sie vor sehr voneinander verschiedenen Problemen.

Allerdings isoliert – wie man manchmal angenommen hat – ist die moderne Kernfamilie nicht. Sie steht in einem Beziehungsgeflecht aus räumlich nahe lebenden Verwandten, die sich besuchen und sich gegenseitig helfen, oder aus einem ‚Wahlverwandtenkreis' aus Verwandten, Bekannten und Freunden, für den man sich entschieden hat. An der jeweils dominierenden Art des Beziehungsgeflechts machen sich zum Teil schichtenspezifische Unterschiede bemerkbar.

Was die Befriedigung von Bedürfnissen ihrer Mitglieder und der Gesellschaft und also die Funktionen der Familie anbetrifft, so hat gegenüber früher eine deutliche Verlagerung stattgefunden. Zum Beispiel ist mit der Trennung von Arbeitsplatz und Haushalt die Produktion fast gänzlich aus der Familie herausgenommen; auch die soziale Sicherung ist weitgehend auf andere Organisationen verlagert worden, und selbst die Sozialisation wird zum erheblichen Teil von anderen Sozialisationsagenten (Kindergarten, Schule, Betrieb, Massenmedien) geleistet. Andere Funktionen sind der Familie verblieben und haben zum Teil sogar er-

höhte Bedeutung erlangt. Aufgezählt werden meistens die Reproduktions-, Sozialisations-, Haushalts- und Regenerationsfunktion. In der Reproduktionsfunktion wird dem Kind die erste soziale Plazierung zugewiesen, wird seine biologisch-soziale Erhaltung geleistet und wird die Zuständigkeit für seine Versorgung geregelt. Durch die Sozialisationsfunktion wird die Sozialmachung (Soziabilisierung) und kulturspezifische Beeinflussung (Enkulturation) des Kleinkindes erreicht und die spätere endgültige Rollenzuweisung ermöglicht. Mit der Haushaltsfunktion wird die materielle Versorgung der Familienmitglieder sichergestellt; und durch die an Bedeutung zunehmende Regenerationsfunktion wird durch Spannungsausgleich und Freizeitgestaltung die psychische Erhaltung und emotional-affektive Befriedigung der Familienmitglieder ermöglicht.
Ohne die historisch-gesellschaftlichen Bedingungen der Familie zu berücksichtigen, sind manche Familiensoziologen der Meinung, der Funktionsverlust oder Funktionswandel der Familie habe die eigentliche Familienfunktion idealtypisch hervortreten lassen. Als diese eigentliche, zentrale Funktion wird die Sozialisation angesehen, der der Rang zukommt, die ‚zweite' soziokulturelle Geburt des Menschen zu bewirken. Aufgrund dieser nicht unumstrittenen Gewichtung der familialen Sozialisation rücken bestimmte Probleme in aller Schärfe in den Vordergrund der gesellschaftlichen Diskussion über die Bedeutung der Familie und die Gestaltung der Familienpolitik (vgl. 2.3.4.5.–2.3.4.6)

2.3.4.4 Familie und Gesellschaft

Ansichten über eine relative Unabhängigkeit der Familienfunktionen von der Gesellschaft und über die Familie als eine Art unabhängige Gegenstruktur zur Gesellschaft scheinen fast nur deshalb aufgekommen zu sein, weil die Familie häufig nur idealtypisch betrachtet wird und weil es vielleicht zu wenige sozialgeschichtliche und familienpolitische Arbeiten über die umfassenden und tiefgreifenden Einflüsse der staatlichen Politik, der Kultur und der gesellschaftlichen Organisation der Wirtschaft auf die äußere Lebensgestaltung der Familie und das Sozialverhalten ihrer Mitglieder gibt. Als gesellschaftliche, aus der Wirtschaftsstruktur stammende Einflußfaktoren sind aber leicht zu begreifen z. B. die Regelung der Arbeitszeiten, die Entfernung der Arbeitsstätte von der Wohnung, die Entlohnungsformen, die Lohndifferenzierung und die unterschiedliche berufliche Position der einzelnen. Gerade die Einkommenssituation, auf die die Familie nur geringen Einfluß hat, bestimmt über die Schichtzugehörigkeit der Familien weitgehend deren Konsum- und Freizeitverhalten sowie das Sprachverhalten und damit die Sozialisation der Kinder. Daneben müßte vor allem noch der Einfluß der jeweiligen Gesellschaftspolitik und der Massenmedien einschließlich der Werbung eingehender betrachtet werden, um deutlich zu erkennen, daß es so gut wie keinen Bereich der Familie gibt, der allein aus der Eigenstruktur der Familie erklärt werden kann, und daß eine Geschlechtererziehung, die auf das Gelingen von Ehe und Familie hinführen will, den gesellschaftlichen und politischen Bereich nicht aus ihren pädagogischen Bemühungen ausklammern darf.

2.3.4.5 Zur familialen Sozialisationsproblematik

Eine Sozialisationsproblematik der heutigen Kernfamilie muß vor allem dann angenommen werden, wenn aufgrund der Forschungsfixierung auf die bürgerliche Mittelschicht- und Oberschichtfamilie, in der die Frau, ohne Erwerbstätigkeit und bei weitgehender Entlastung im Haushalt, sich hauptsächlich der Erziehung der Kinder widmen konnte, die Sozialisation als die zentrale Familienfunktion herausgestellt wird. Es erhebt sich dann nämlich die Frage, ob und inwieweit die Familien dieser ihrer zentralen Funktion gerecht werden.

Diese Frage muß einmal gestellt werden auf dem Hintergrund der Sozialisationsschwäche der Väter (Abwesenheit von zu Hause während der meisten Zeit des Tages, veränderte Autoritätssituation, weitgehende Unfähigkeit zur beruflichen und gesellschaftlichen Sozialisation der älteren Kinder) und zum anderen auf dem Hintergrund der veränderten sozialen Geschlechtsrollenauffassung vieler Mütter. Diese sind häufig aus wirtschaftlichen Gründen erwerbstätig – wie es in Unterschichten seit Beginn der Industrialisierung immer schon fast die Regel war –, oder sie erkennen, daß bei verkürztem Gebärzeitraum und gestiegener Lebenserwartung Muttersein kein lebenslanger Beruf mehr ist, und versuchen deshalb, in ihrem Beruf zu bleiben oder wieder berufstätig zu werden. Wegen der Einschaltung noch anderer Sozialisationsagenturen (Kindergarten, Schule, Hort, Gleichaltrigengruppe) ist die Bedeutung der Mutter außerdem auf die Phase der frühkindlichen Sozialisation eingeschränkt, wird für diese Phase allerdings meistens als unabdingbar angesehen.

Auf die genannten Punkte bezogen, wird die Sozialisationsproblematik der durchschnittlichen modernen Kernfamilie unübersehbar. Die oben gestellte Frage wird von vielen nur eingeschränkt bejaht.

Bezüglich des Zusammenhangs von Sozialisationsproblematik und Erwerbstätigkeit von Müttern ist von folgendem auszugehen: In der Bundesrepublik hat knapp ein Viertel der 12,9 Mill. Kinder unter 15 Jahren erwerbstätige Mütter. 5 % der nichtschulpflichtigen Kinder sind ganztägig unbetreut. Die Zahl erwerbstätiger Mütter steigt. Mehr als die Hälfte der erwerbstätigen Mütter arbeitet wöchentlich 40 Stunden und länger. Allerdings ist die Teilzeitarbeit im Ansteigen begriffen.

Muß aus diesen Gründen die Sozialisation der Kinder durch die Erwerbstätigkeit und die häufig darin zum Ausdruck kommenden Emanzipationsbestrebungen der Mütter leiden?

Tiefenpsychologie und Hospitalismusforschung haben die Bedeutung der Kleinkind-Betreuung und emotionalen Zuwendung durch eine ständige Bezugsperson herausgestellt, die im Regelfall die leibliche Mutter sein sollte. Wenn das richtig ist, bedeutet dies, daß für ein Kleinkind das familiale Zuhause – selbst ein schlechtes – jeder Art von Anstalt vorzuziehen ist. Ob die ideale mütterliche Dauerzuwendung aber verwirklicht wird, hängt nicht nur von den Müttern ab, sondern von der Einkommenssituation der Väter in Familien mit kleinen Kindern, die heute immer eine erkennbare Senkung des Lebensstandards der Familie bewirken, und ferner auch von der Gesellschaft, die sich entscheiden muß, wieviel sie sich die Sozialisation ‚ihrer' Kinder kosten lassen will. (Bei der Frage nach diesen Aufwendun-

gen schneidet die Bundesrepublik im europäischen Vergleich sehr schlecht ab.)
Mangelnde Betreuung bei Kleinkindern führt unweigerlich zu Sozialisationsschäden. Je älter die Kinder werden, desto weniger kommt es allerdings auf die Quantität als vielmehr auf die Qualität der Zuwendung an. Die berufstätige Mutter wird vielfach noch als ‚Rabenmutter' angesehen und hat oft auch selbst gegenüber ihren Kindern ein schlechtes Gewissen. Sie billigt ihren Kindern durchschnittlich mehr Autonomie zu, auch wenn die Betreuungsfrage zufriedenstellend gelöst ist; ihr Erziehungsstil ist toleranter, und falls sie ihre Berufsrolle bejaht, setzt sie ihren Töchtern höhere Ausbildungsziele als die Nur-Hausfrau. Mit zunehmendem Alter der Kinder kann die zeitweise Abwesenheit der Mütter sogar ursächlich für bessere Schulleistungen sein, weil diese Mütter u. a. mehr Anregungen und Außenbezug vermitteln. Somit ist die Berufstätigkeit von Müttern keineswegs immer nur von Nachteil für die Kinder.
Bisher hat die Frau allerdings ihre Berufstätigkeit mit der Doppelbelastung durch Beruf und Haushalt bezahlt. Darum wird häufig diskutiert, ob nicht zur Verwirklichung neuer Leitbildvorstellungen der Frau und zur optimalen Gestaltung der Sozialisation der Kinder ein anderer Familientyp oder eine andere Gesellschaftsstruktur besser geeignet wäre als die jetzige Kernfamilie.

2.3.4.6 Zur Frage nach der familialen Alternative

Die Frage nach denkbaren Alternativen zur gegenwärtigen Kernfamilie wird ausgelöst durch die Erkenntnis der nicht zu bagatellisierenden Sozialisationsdefizite, die die zumeist kinderarme Kernfamilie erzeugt und von deren genaueren Ursachen einige oben genannt wurden. Bedeutsam für die Entstehung der Frage nach Alternativen ist auch die Tatsache, daß die Kinder von kleinen Kernfamilien in der Phase der frühen Kindheit meistens sowohl einen Mangel an erwachsenen als auch an gleichaltrigen Bezugspersonen erfahren. Zu der Feststellung von Sozialisationsmängeln bzw. -schäden kommen ferner noch kritische Einwände gegen die behauptete absolute Notwendigkeit en-

ger Mutter-Kind-Beziehungen. Sie speisen sich aus neueren Untersuchungen und aus dem Verweis auf die Ergebnisse der Erziehung in israelischen Kibbuzim, die sie als Bestätigung für ihre Berechtigung glauben anführen zu können.
Die erwähnten Einwände richten sich zunächst und vor allem gegen wichtige Details der für die Kleinkindpädagogik ungemein einflußreichen Hospitalismusforschung und deren pädagogische Auswertung von René Spitz. Sie münden in der Behauptung, die von Spitz unter dem Sammelbegriff Hospitalismus beschriebenen Ausfallerscheinungen kleiner Kinder seien weniger das Ergebnis einer zu geringen affektiven Zuwendung als vielmehr das Resultat zu geringer Stimulation im sensorischen Bereich (taktil, visuell, akustisch). Werde diese Stimulation aber gewährt, so ergäbe sich daraus die Befriedigung des Bedürfnisses nach sozialem Kontakt. Daß dieses Bedürfnis über die sensorische Stimulation nur oder am besten durch die Mutter befriedigt werde, sei theoretisch eine unbegründete Annahme. Alternativen zu einer hauptsächlich mütterlichen Sozialisation der Kleinkinder seien also möglich.
Die Alternativen suchenden Experimente von Wohngruppen als eine moderne Form erweiterter Familie sind bei uns – soweit sie an die Öffentlichkeit getreten sind – aus unterschiedlichen Gründen, die die Vor- und Nachteile der Kommune für die einzelnen Familienfunktionen deutlich widerspiegeln, fast ausnahmslos gescheitert, und das Interesse an einer Fortsetzung solcher Experimente unter den Jugendlichen scheint, vielleicht zu Unrecht, eher rückläufig zu sein. Israelische Kibbuzim dagegen existieren weiter. In der wissenschaftlichen Literatur wird in zunehmendem Maße – allerdings mit unterschiedlicher Interpretation – auf die Ergebnisse und die Eigenart des Lebens und der Erziehung in ihnen hingewiesen. Trotz allem aber reichen die Erfahrungen und deren Auswertung bei beiden Versuchen vielleicht noch nicht aus, um zu abschließenden Urteilen zu kommen.
Typisch für die Kibbuzerziehung der Kinder ist, daß die erzieherische Verantwortung der Eltern fast vom ersten Lebenstag der Kinder an mit einem professionellen Erzieher geteilt wird und

daß die Kinder immer in einer Gleichaltrigengruppe leben. Dadurch soll die Frau von ihren Haushalts- und Erziehungspflichten befreit werden und das heranwachsende Kind zu einer bewußteren Identifizierung mit dem Kollektiv gelangen. Insgesamt liegen der Kibbuzerziehung marxistische und psychoanalytische Theorieansätze zugrunde. Manche Beobachter meinen, daß die traditionelle Familie aber auch im Kibbuz weiterexistiere bzw. sich wieder durchsetze, und zwar als extremes Beispiel einer modernen Freizeitfamilie. Andere stellen fest, daß im Kibbuz eine grundsätzlich andere Gesellschafts- und dementsprechend andere Persönlichkeitsstruktur erstrebt und erzielt und somit tatsächlich eine Alternative zur modernen Kernfamilie verwirklicht wird – allerdings nicht in einem ihre Mängel ausgleichenden, sondern die traditionelle Familie völlig überflüssig machenden Sinn. Gerade wenn man in der Sozialisation als Grundlegung der Persönlichkeit die zentrale Funktion der Familie erblickt, muß man eigentlich zu dem Schluß kommen, daß es im Kibbuz keine Wirkungsmöglichkeit für die überkommene familienhafte Sozialisation gibt. Sie hatte und hat individuelle Ich-Identität und Ich-Stärke zum Ziel, mochte sie es häufig auch nur mangelhaft erreichen. Die Sozialisation im Kibbuz aber fördert von vornherein die Entwicklung eines Gruppen-Ichs, das gegen die Ansprüche der Gruppe, der ständigen Umwelt, die zugleich das Über-Ich repräsentiert, sich kaum noch selbstbewußt wird durchsetzen können. Von dieser Einsicht aus erhält das Problem der erwünschten Gestalt der Beziehung zwischen Gesellschaftsstruktur, Familientyp und frühkindlicher Sozialisation seine gesteigerte Bedeutung für die politische Bildung und das politische und familiale Verhalten.

2.4 Rechtslehre

2.4.1 Rechtskundlich relevante Themen für die Geschlechtserziehung

In dem Maße, in dem eine Kenntnis vom Inhalt und von der Intention der Gesetzgebung in den Bereichen des Ehe- und Familienrechts, des Sexualstrafrechts, des Jugendmedienschutzes und der Abtreibungsproblematik für die Geschlechtserziehung als relevant angesehen wird, müssen die einschlägigen Auskünfte der Rechtslehre eingeholt werden. Erschwerend kann sich dabei auswirken, daß Rechtskunde in den Schulen relativ wenig betrieben wird und daß es sich bei den oben angegebenen Bereichen zum Teil um Gebiete handelt, in denen geplante Rechtsreformen noch nicht voll zum Abschluß gekommen sind, so daß mit einigen Veränderungen in den Auskünften auf nähere Zukunft hin gerechnet werden muß.

Trotz der nach wie vor unterschiedlichen weltanschaulichen Wertung der rechtlich zu regelnden Tatbestände in unserer pluralistischen Gesellschaft existieren auch gemeinsam anerkannte Grundwerte, die bei der Suche nach Kompromissen unter den Rechtsgenossen, deren Interessen der Gesetzgeber zu formulieren hat, für eine Einigung die entscheidende Basis abgeben können.

2.4.2 Im *Bereich des Ehe- und Familienrechts* verlangt das Grundgesetz den Schutz von Ehe und Familie. Er steht mit dem ebenfalls geforderten, aber neueren Gedanken der Gleichberechtigung von Mann und Frau nicht im Widerspruch, sondern verlangt nach heutigem Verständnis der Ehe als partnerschaftlicher Gemeinschaft geradezu den Abbau des Patriarchalismus ohne ängstliche Sorge um den Bestand der Institution von Ehe und Familie. Das andere heute richtungsweisende Element des Familienrechts zielt auf eine neue Ausbalancierung von Elternrecht und Kindesrecht. Die in den entsprechenden Rechtsreformen zum Ausdruck kommende emanzipatorische Tendenz räumt gemäß der geschichtlichen Entwicklung in unserem Kulturraum der Selbstbestimmung der einzelnen Familienmitglieder Vorrang ein gegenüber ihrer Integration in die Institution. Bei der Wechselwirkung von Familie, Gesellschaft und Staat darf nicht die Gefahr übersehen werden, daß trotz der rechtlichen Gewährung individueller Autonomie die Familienmitglieder, nachdem ihre institutionelle Bindung in der Familie gelockert wurde, in staatliche Abhängigkeiten verschiedenster Art geraten. In Abwehr dieser Gefahr der Instrumentalisierung der Familienmitglieder für staatliche und gesellschaftliche Ziele muß darauf geachtet werden, daß jede staatliche Intervention sich als ein Beitrag zur

Selbstbestimmung der einzelnen Menschen in der Familie legitimiert. Darauf hinzuweisen, ist u. a. Aufgabe einer kritischen Interpretation familienrechtlicher Vorschriften.

2.4.3 Im *Bereich des Sexualstrafrechts* und seiner Reform war der leitende Gesichtspunkt, nicht mehr eine bestimmte Wertauffassung individueller Sittlichkeit und das ihr gemäße Verhalten zu sanktionieren, sondern nur noch sozialschädliches Verhalten unter Strafandrohung zu stellen. Dementsprechend beseitigte das 1. Gesetz zur Reform des Strafrechts zum 1. 9. 1969 bereits die Strafbarkeit homosexueller Handlungen unter erwachsenen Männern, die Strafbarkeit des Ehebruchs, der Erschleichung des außerehelichen Beischlafs und der Unzucht mit Tieren.

2.4.4 Erheblich schwieriger in der parlamentarischen Behandlung erwies sich die gesetzliche Neuregelung des restlichen Teils des Sexualstrafrechts, darunter besonders der *Bereiche Pornographie und Jugend-Medienschutz*, wie sie im 4. Gesetz zur Reform des Strafrechts nach dreijährigem Bemühen am 8. 11. 1973 Gestalt gewann. Durch dieses Gesetz wurden zahlreiche Paragraphen des Strafgesetzbuches (StGB), das Gesetz zum Schutz der Jugend in der Öffentlichkeit (JSchÖG), das Gesetz über die Verbreitung jugendgefährdender Schriften (GjS) und das Gesetz über Ordnungswidrigkeiten abgeändert. In dem Dilemma zwischen dem Recht des mündigen Bürgers auf ungehinderte Information (Art. 5 GG) auch über Pornographie und der Aufgabe des Jugendschutzes hat der Gesetzgeber den erwachsenen Bürgern keinen Konsum*verzicht* auf sexuelle Darstellungen und Pornographie, wohl aber eine Konsum*einschränkung* zugemutet. Sie kommt durch die Vertriebs- und Werbebeschränkung zustande, die Massenmedien bei jugendgefährdenden Darstellungen auferlegt sind. Verherrlichung und Verharmlosung exzessiver Gewalt und Aufstachelung zum Rassenhaß sind durch ein Herstellungs- und Verbreitungsverbot sogar überhaupt unterbunden.

Nach allen zur Verfügung stehenden Erkenntnissen kann nicht mehr ausgeschlossen werden, daß aggressive Verhaltensweisen durch Nachahmung massenmedial vermittelter Vorbilder erlernt werden und daß Pornographie als „antierotischer und inhumaner Sex“ (R. Stefen) Kinder und Jugendliche in ihrer menschlichen Reifung beeinträchtigen kann. Für die Kriminalisierung und Verurteilung der Pornographie sollte nicht so sehr die Überschreitung der von einer breiten Öffentlichkeit vertretenen Maßstäbe des sexuellen Anstands entscheidend sein als vielmehr die in ihr zum Ausdruck kommende Verfälschung des Wesens der Sexualität. Als sozialschädlich kann eine solche Verfälschung durchaus dann bezeichnet werden, wenn sie kraft ihrer Eindrucksmächtigkeit imstande ist, die Selbstbestimmung Heranwachsender oder auch gar Erwachsener zu gefährden.

2.4.5. Die Versuche, zu einer gesetzlichen *Abänderung des Abtreibungsverbots* des § 218 StGB zu gelangen, haben tiefgreifende sittliche und rechtliche Wertunterschiede in unserer Gesellschaft offenkundig gemacht. Dabei wurden häufig zwei im Grundgesetz verankerte Grundrechte einseitig gegeneinander ausgespielt: das Recht auf persönliche Selbstbestimmung (zugunsten der Schwangeren) und das Recht auf Leben und körperliche Unversehrheit (zugunsten des noch nicht geborenen menschlichen Lebens). Im Urteil des Bundesverfassungsgerichts vom 25. 2. 1975 wurde die vom Gesetzgeber einseitig zugunsten des Selbstbestimmungsrechts der Schwangeren beschlossene sogenannte Fristenlösung als verfassungswidrig zurückgewiesen und ein verfassungskonformer Weg der Abwägung beider infrage kommender Grundrechte in Form einer sogenannten weitgespannten Indikationenregelung gewiesen. Um deren rechtliche Ausgestaltung bemühen sich jetzt die Fraktionen des Bundestages. Soziale, sogenannte flankierende Maßnahmen sind aber außerdem vonnöten. Die Diskussion darüber und über die sittlichen Maßstäbe zur Beurteilung der Abtreibung und der mit ihr aufgeworfenen Probleme geht in der Öffentlichkeit weiter und wird auch in verschiedenen Schulfächern sachgemäß und tolerant geführt werden müssen. Allein vom rechtlichen Aspekt her würde die Abtreibungsproblematik nur allzu unzulänglich behandelt. Auch die öffentliche Diskussion um die strafrechtliche Reform des Abtreibungsparagraphen kam nicht umhin, die biologischen, medizinischen, sozialen, ethischen und theologischen Aspekte des Problems mitzuerörtern.

2.5 Politikwissenschaft

Politisches System und Sexualerziehung

2.5.1 Das politikwissenschaftliche Interesse an der Sexualerziehung

Eine dem Systemmodell verpflichtete wissenschaftliche Erforschung konkreter politischer Phänomene kann an den subjektiven Einstellungen, an der , politischen Kultur' der Menschen in einem politischen System nicht vorbeigehen, da derartige subjektive Einstellungen kognitiver und affektiv-wertbezogener Art direkt oder indirekt politisch relevant sind. Aus diesem Grund gibt es ein zunehmendes politikwissenschaftliches Interesse an der politischen Bildung als *Bestand,* d. h. als Summe vorhandener Einstellungen, und als *Bemühung,* d. h. als Tätigkeit zur Entwicklung dieser Einstellungen. Gerade dann, wenn politische Bildung in der Schule nicht (nur) als gesondertes Einzelfach, sondern als Unterrichtsprinzip verstanden und betrieben wird, bildet sie ein wichtiges Glied in der Kette der Bemühungen um ‚politische Kultur'. Doch kann die Politikwissenschaft bei ihrem Interesse für die politische Kultur einer Gesellschaft ihr Augenmerk nicht nur auf die ausdrückliche schulische und außerschulische politische Bildung richten. Sie muß vielmehr alles beachten, was intentional oder nur faktisch von politischer Relevanz ist. Dieses erkenntnisleitende Interesse findet sich tatsächlich in jeder Form von Politikwissenschaft: sowohl in der normativ-essentialistisch als auch in der empirisch-analytisch und in der kritisch-dialektisch betriebenen. Obschon viele der Meinung sind, Sexualethik und Sexualpädagogik zielten auf gänzlich unpolitische, private Verhaltensweisen und Einstellungen, so sind sie dennoch in den Interessenkreis der politischen Bildung und der Politikwissenschaft einbezogen worden, weil sich gezeigt hat, daß sie – historisch und ideologiekritisch gesehen – eng mit der gesamtgesellschaftlichen politischen Kultur in Verbindung stehen. Dies zeigt sich als sozial-politische Tatsache ganz deutlich bei der hohen Wertschätzung der Monogamie, dem Eintreten für die rechtliche Gleichstellung der Geschlechter, den Weisungen hinsichtlich des Fortpflanzungs- und Kontrazeptionsverhaltens. Dennoch läßt sich darüber streiten, ob der Sexualität mehr politische Bedeutung zukommt als z. B. Versorgungs-, Bildungs- und Partizipationsproblemen.

2.5.2 Sexualpädagogik in Abhängigkeit von politischen Gesellschaftsmodellen

Sozialisation – und gerade auch die politische – kann auf die Anpassung an bestehende politisch-gesellschaftliche Verhältnisse ausgerichtet sein; sie kann aber auch auf die Veränderung dieser Verhältnisse abzielen. Bei beiden Fällen läßt sich erweisen, daß die Sexualpädagogik in hohem Maße ein funktionales Vehikel der politischen Sozialisation darstellt. In der Sexualpädagogik und in den ihr jeweils zugrundeliegenden ethischen Leitbildern lassen sich nämlich Zielvorstellungen aufdecken, die über die Vorstellungen von bloß individuellen Tugenden auf sexuellem Gebiet weit hinausreichen. Die in der Sexualpädagogik vertretene und bei anderen erstrebte Einstellung steht im Zusammenhang mit der im gesellschaftlich-politischen Raum vertretenen und erwünschten Einstellung der Gebundenheit oder der Veränderungsbereitschaft gegenüber Normen, der Bejahung oder Ablehnung überkommener Rollenmuster, Ehe- und Familienformen sowie der Einordnung in autoritätsbejahende oder -ablehnende Lebensweisen. Diese Anpassung an übergreifende gesellschaftlich-politische Ideale scheint das Los jeder Sexualpädagogik zu sein. Auch eine Selbstetikettierung als progressiv oder emanzipatorisch ändert daran so ohne weiteres noch nichts. Eine Einsicht in diesbezügliche Erkenntnisse kann ideologiekritisch nur zu größerer Nüchternheit und Skepsis gegenüber vielversprechenden Entwürfen führen und läßt vielleicht vermehrt nach soliden Begründungen suchen.

2.5.3 Beispiele:

2.5.3.1 Eine restaurative Verbindung von politischer und sexualethischer Pädagogik

Bei Friedrich Wilhelm Foerster[10], dem einflußreichen und lan-

[10] Vgl. *F. Koch*, Die politische Sexualerziehung Friedrich Wilhelm Foer-

ge nachwirkenden Pädagogen der Zeit vor und nach dem Ersten Weltkrieg, scheint die von ihm vertretene Sexualerziehung des politischen Moments entbehren zu können, weil sie allein dem ‚Wesen' der Sexualität zu entsprechen vorgibt. Die Absage an rationale Aufklärung und die Empfehlung der Ablenkung jedoch entsprechen z. B. genau den Maximen, die in der politischen Erziehung gelten sollen. Dadurch wird erkennbar, daß Foersters Erziehungsgrundsätze für Politik und Sexualität eine Ideologie zur Beibehaltung der elitären großbürgerlich-monarchisch geprägten Gesellschaft jener Zeit darstellen. Die asketischen, den Willen ansprechenden Ideale der sittlichen wie der religiösen Erziehung sollen erklärtermaßen von gesellschaftspolitischen und sexuellen Aktivitäten ablenken, die die überkommene gesellschaftliche Hierarchie in Frage stellen könnten.

2.5.3.2 Sexualität und Klassenkampf

Theoretisch zunächst von Sigmund Freud ausgehend, aber vor allem dann von Erfahrungen mit proletarischen Menschen beeinflußt, entwickelte Wilhelm Reich[11] seit 1927 in Wien seine eigenen Theorien, die eine Verbindung von Marxismus und Psychoanalyse beabsichtigten. Vor allem die Annahme, daß der Leistungsdruck des Kapitalismus und die von Freud bejahte Sublimierung der Sexualität zur sexuellen Unterdrückung führe und dem Kapitalismus dadurch Dauer verleihe, war für Reich der Ausgangspunkt, nach einer Begründung für die sexuelle Befreiung als einer Hilfe im proletarischen Klassenkampf zu suchen. Er hat diese Begründung in seiner These von der sexual-

sters, in: Inhaltsprobleme der Sexualpädagogik, hg. von W. Fischer u. a. (Sexualpädagogik II), Heidelberg 1973, 9–44; *F. W. Foerster*, Sexualethik und Sexualpädagogik. 25. bis 26. Tsd., Kempten und München 1920; *Ders.*, Politische Ethik und politische Pädagogik (= 4. stark erw. Aufl. der Staatsbürgerlichen Erziehung), München 1920.

11 Vgl. *Ch. Rycroft, Wilhelm Reich* (Moderne Theoretiker, dtv. Nr. 847), München 1972; *I. Allendorf-Reich, Wilhelm Reich*, München 1975; P. *Reich*, Der Traumvater. Meine Erinnerungen an Wilhelm Reich. Gütersloh 1975; *W. Reich*, Die sexuelle Revolution. Zur charakterlichen Selbststeuerung des Menschen (Fischer Taschenbuch 6093), Frankfurt 1971; *Ders.*, Der Einbruch der sexuellen Zwangsmoral, Köln 1972.

ökonomischen Selbststeuerung der frei, allerdings nicht verantwortungslos ausgelebten Sexualität geliefert, die eine ‚Zwangsmoral' mit dem Prinzip der moralischen Steuerung überflüssig und damit revolutionär dem Kapitalismus weitere, seine Existenz sichernde Leistungen auf Kosten einer durch Repression zerstörten genitalen Potenz unmöglich mache.
Nach Berlin übergesiedelt, wurde Reich dort 1930 zum entscheidenden Mitbegründer des Deutschen Reichsverbands für proletarische Sexualpolitik. Dieser Reichsverband war für ein paar Jahre die sexualpolitische (= Sexpol-)Bewegung der KPD und erfaßte 1931 20 000 Mitglieder, die sich für die revolutionäre Aufhebung der von Reich behaupteten Zusammenhänge „zwischen den Grundelementen der sexuellen Massenmisere mit der herrschenden kapitalistischen Gesellschaftsordnung" (Sexualpolitische Plattform) einsetzen sollten. Forderungen in diesem Zusammenhang waren u. a.: Abschaffung des Abtreibungsparagraphen, Verbreitung der Kenntnisse über Methoden der Geburtenregelung, kostenlose Verteilung von Empfängnisverhütungsmitteln und Aufhebung aller gesetzlichen Bestimmungen über Eheschließung und -trennung.
Wichtigstes Arbeitsfeld der Sexpol-Bewegung war die Aufklärung der Jugendlichen. Vorbild für ihre Forderungen waren die sexualpolitischen Neuerungen in der Sowjetunion, die jedoch schon bald auf diesem Gebiet einen in den Augen Reichs reaktionären Kurs einschlug.
Diese Tatsache und die ununterbrochenen Auseinandersetzungen darüber, ob die Psychoanalyse tatsächlich im Sinne von Reich mit dem Marxismus verschmolzen werden könne, führte 1933 dazu, daß die KPD Reich fallen ließ. Aber auch die Internationale Psychoanalytische Gesellschaft schloß Reich 1934 aus ihren Reihen aus. Er emigrierte über Dänemark und Norwegen in die USA.

2.5.3.3 Sexualität in der permissiven Gesellschaft

Wilhelm Reich hat seinen verschiedenen Werken in der späteren Überarbeitung entpolitisierte Versionen und terminologische Veränderungen zugefügt. Aber diejenigen aus der außerparlamentarischen Opposition der Neuen Linken, die Reich am Ende der 60er Jahre in der Bundesrepublik für sich entdeckten, machten zunächst wieder den frühen Reich zum Bannerträger ihrer sexualpolitischen Forderungen und zum Apostel ihrer sexuellen Enthemmung im Dienst der Verunsicherung der Bürger und ihrer eigenen vorgeblichen Emanzipation.[12] Studentenbewegung und Schülergruppen der Neuen Linken begannen häufig mit sogenannten ‚Sexualkampagnen', um die Sozialisationsfolgen individueller vermeintlicher oder wirklicher sexueller Blockierungen abzubauen und die einzelnen danach für die Kampfziele der sozialistischen Bewegung zu gewinnen.[13] Der Erfolg war anfangs spektakulär, aber nicht dauerhaft. Schließlich war es der ‚Aktionskreis Unabhängiger und Sozialistischer Schüler' (AUSS), der 1969 in seinen ‚Thesen zur Sexualkampagne' selbstkritisch die zweijährige sexualpädagogische und politische Arbeit der Schülergruppen überprüfte. Man mußte feststellen, daß der Kapitalismus wendig genug gewesen war, aus der ‚sexuellen Befreiung' ein neues Konsumideal zu machen, das im Grunde systemstabilisierend wirkt. Herbert Marcuse hatte in seinem Buch ‚Der eindimensionale Mensch' für diese neue Variante den Begriff der ‚repressiven' oder ‚kontrollierten Entsublimierung' kreiert. Es wird dabei ein erreichtes Kulturniveau, die Sublimierung, abgebaut; und was wie sexuelle Befreiung erscheint, ist in Wirklichkeit nur eine Scheinbefreiung. Wer ihr verfällt und protzend als ‚linke Variante des duften Typs' auf der ‚Sexwelle' schwimmt, gilt für die politische Arbeit und den revolutionären Kampf verloren.

12 Thesen und Quellen dieser Emanzipationsforderung: vgl. *W. Brezinka,* Erziehung und Kulturrevolution. Die Pädagogik der Neuen Linken, München–Basel 1974, 174–180.

13 Über die Rolle der Sexualkampagnen beim erstrebten Politisierungsprozeß vgl. *H.-J. Haug und H. Maessen,* Was wollen die Schüler? Politik im Klassenzimmer, Frankfurt 1969, 78ff.; *K. Barth,* Die Revolutionierung der Schüler. Hintergründe, Ziele, Abwehr, Mannheim (Selbstverlag des Verfassers) 1969, 65ff.

2.5.4 Facit:
In den Reihen der Neuen Linken selbst wurde also die Behauptung der ursprünglich so eindeutigen Zuordnung von sexueller Einschränkung und Kapitalismus einerseits und Enthemmung zugunsten des Lustprinzips und marxistischem Sozialismus anderseits aufgegeben. Dementsprechend müßte klarer zu definieren versucht werden, was mit emanzipatorischer Sexualpädagogik sinnvoll gemeint sein kann. Bloße Liberalisierung und Abschaffung von Normen kann genauso anpasserisch-restaurativ sein wie die Vermittlung von sexueller Unaufgeklärtheit und Einschüchterung. Darum kann die Politisierung des Sexualerziehers auch nicht – wie Helmut Kentler meint[14] – die hinreichende Voraussetzung einer emanzipierenden schulischen Sexualerziehung sein. Bevor diese These Zustimmung verdiente, müßte erkennbar und entscheidbar sein, wie das politische Ideal aussieht, ob ihm zugestimmt werden kann und was dementsprechend emanzipierende Sexualpädagogik beinhaltet oder beinhalten könnte. Diese Klärung zu verlangen, erscheint um so dringlicher, je bestimmter ein Zusammenhang zwischen politischem Gesellschaftssystem, politischer Sozialisation und Sexualpädagogik angenommen wird.

3 Die Situation der Schüler

Die Situation der Schüler in bezug auf den zusammenhängenden Bereich von Gesellschaft und Sexualität zu beschreiben, ist ein sehr schwieriges Unterfangen. Die Schwierigkeiten gründen u. a. darin
a) daß es nur wenige Untersuchungen zur Jugendsexualität gibt und daß diese zum Teil eine Altersschicht betreffen, die aus dem Schüleralter oder aus der Schülerrolle heraus ist;
b) daß – so wie die Gesellschaft mehrschichtig ist und man mit erheblichen Anteilen schichtenspezifischen Verhaltens rechnen muß – auch die Schüler von schichtenspezifischen Unterschieden des Sexualverhaltens geprägt sein dürften, was – wenn es

14 *H. Kentler*, Sexualerziehung (rororo-Sexologie 8034), Reinbek 1970, 32–41.

stimmt – eine Verallgemeinerung von Aussagen über die Situation der Schüler kaum gestattet;
c) daß, wenn fundierte Aussagen zum Sexualverhalten und zur Einstellung von jugendlichen Schülern gemacht werden, damit zwar Ergebnisse empirischer Sozialforschung referiert sind, dann aber immer noch nicht die Situation dieser Schüler in gesellschaftlicher Hinsicht ausreichend beschrieben sein muß.
Zur Situation der Schüler in gesellschaftlicher (und damit den Sozialwissenschaften grundsätzlich zugänglicher) Hinsicht gehört, daß Elternhäuser und Schule die Sexualaufklärung und -erziehung, die als Aufgabe gesehen und bejaht wird, bisher nur sehr mangelhaft leisten. Der ‚sexualpädagogische Notstand' (Hunger) dauert also an.
Dies zeigt sich u. a. darin, daß, wenn konkret gefragt wird, Schüler (und nicht nur sie) eine starke Wissensunsicherheit über physiologische, biologische und medizinische Tatsachen aus dem Bereich der Sexualität verraten. Da die bisherigen Bemühungen weithin auf biologisch-medizinische Aufklärung zielten, ist dieser Tatbestand sehr bemerkenswert und läßt den Schluß zu, daß die Einbettung der Sexualität in gesellschaftliche Zusammenhänge und also in umfassendere als nur zweipersonale soziale Beziehungen noch weniger ‚gewußt' wird. Es muß zwar mit schichtenspezifischen Einflüssen auf die sexuelle Sprache, auf die Einstellung zur Sexualität (und was mit ihr zusammenhängt) sowie auf das Sexualverhalten gerechnet werden; aber es gehört auch zur Situation der jugendlichen Schüler, daß sie als Pubertierende, die sich von den Eltern und ihren Vorstellungen und Geboten zu lösen suchen, verstärkt unter den Einfluß der Gleichaltrigen-Gruppe, der Jugend-Subkultur und der Massenmedien geraten, wodurch generationsspezifische Eigenheiten, die sogar schichten-spezifische Unterschiede nivellieren, zunehmen dürften.
Wenn auch der Prozentsatz von sozio-sexuell Voll-Erfahrenen in der Schicht der 11–15jährigen insgesamt sehr klein sein dürfte (bei den 15jährigen ca. 15 %, bei den 16jährigen ca. 25 %), so ist doch nicht zu verkennen, daß heute die Jahre der Pubertät (11. bis 15./16. Lebensjahr) als die entscheidende Phase der Sozialisa-

tion und Internalisation sexual-moralischer Einstellungen anzusehen sind. Dabei setzt sich mit steigendem Alter innerhalb dieser Phase die heute von der konsumorientierten Gesellschaft zugelassene freizügige, romantische Sexualmoral älterer Jugendlicher und junger Erwachsener voll durch. Diese Sexualmoral wird als freizügig, sexualfreundlich, partner- und liebesorientiert und gleichheitlich für Mädchen und Jungen (mit Treueanspruch und Treuegebot) beschrieben. Es versteht sich, daß die sozio-sexuellen Erfahrungen, die in dieser Altersphase stark zunehmen und durch die permissive Gesellschaft begünstigt werden, wiederum auf die Einstellung zur Sexualität verstärkend zurückwirken, zumal die sexuellen Kontakte von Jugendlichen heute im allgemeinen als angenehm, positiv und verhältnismäßig konfliktfrei erlebt werden.
Damit bahnt sich bei den Schülern in der Pubertät eine erhebliche Verschiebung der Moral gegenüber den Moralvorstellungen, die die Erwachsenen durchgesetzt sehen möchten, an. Dies als die Situation der Schüler sehen, bedeutet auch, die Problematik im unumgänglichen normativen Bereich der Sexualerziehung erkennen und einsehen, daß die Schüler, was die überzeugende Begründung ethischer Normen betrifft, von der Gesamtgesellschaft im Stich und von der kirchlichen Gemeinschaft weithin ohne Verständnis und glaubwürdige Hilfe gelassen werden.
Die kirchlich vertretene Sexualethik hat zu Recht oder Unrecht ein schlechtes Image bei den jungen Leuten. Wie die Synodenumfragen der Jahre 1970/71 ergeben haben, befanden sich damals die 16–20jährigen und die 21–29jährigen in weit höherem Maße als alle Katholiken in Konflikten zwischen den Wertsystemen von Kirche und Gesellschaft. So, wie diese beiden Wertsysteme subjektiv empfunden wurden, befanden sie sich vor allem in der Einstellung zu sexuellen Fragen nicht in Kongruenz. Nach dem Gesetz emotional-affektiver Konsistenz konnte dieser Zustand der Inkongruenz nicht lange durchgehalten werden, sondern wurde durchschnittlich nach der Seite des geringeren Widerstandes aufgelöst, um die Ich-Konsistenz nicht zu verlieren. Da die authentisch verkündete katholische Sexualethik bisher keinen ihrer Standpunkte merklich verändert hat, ist anzu-

nehmen, daß die Inkongruenzempfindungen auch bei den meisten nachwachsenden jungen Leuten vorhanden sind. Ihre Situation ist in dieser Hinsicht teils durch wachsende Distanz zur Kirche, teils aber auch durch eine Kirchlichkeit gekennzeichnet, die sich durch das Wissen um die partielle Inkongruenz des persönlichen und des kirchlichen Wertsystems nicht beirren läßt, vielmehr die eigene gelebte Überzeugung für vertretbar hält und dementsprechend handelt. Dies spielt vor allem bezüglich der kirchlichen Normen für die voreheliche Sexualität eine Rolle. Hier haben viele Jugendliche ein zweiphasiges Ehemodell zu praktizieren begonnen, in dem die offizielle Eheschließung die 2. Phase einer vielleicht schon länger bestehenden partnerschaftlichen Geschlechtsgemeinschaft dann einleitet, wenn Nachkommenschaft erwartet wird.

Nach allem oben Gesagten wird diese Einstellung zur Sexualität und zu einer – in gewissem Sinn – ‚neuen Moral‘ von pubertierenden Schülern internalisiert, die sie (noch) nicht praktizieren, deren Situation aber durch den entsprechenden Trend dahin mitgekennzeichnet ist.

4 Zusammenhänge mit dem Weltverständnis der Christen

Die Inkongruenz der Wertsysteme der pluralistischen Gesamtgesellschaft mit dem teilgesellschaftlichen kirchlichen Wertsystem ist eine nicht zu übersehende Tatsache. Dennoch ist es für viele Christen nicht leicht, sich damit abzufinden. Man neigt dazu, die Wirklichkeit so zu sehen, wie sie sein sollte, und nicht, wie sie ist.

Darum ist auf jeden Fall mehr Offenheit für Ergebnisse der empirischen Sozialforschung anzustreben. In ihnen spiegelt sich die Erforschung der Umwelteinflüsse, der Einstellungsänderungen und des tatsächlichen Verhaltens. Selbstverständlich konstatieren die Sozialwissenschaften das Vorhandensein unterschiedlicher Wertungen der Sexualität und die Wirksamkeit pluraler Normierungen sexuellen Verhaltens, ohne damit über die Gültigkeit dieser Werte und Normen abschließende Aussagen machen zu können. Dazu bedarf es sozialethischer und theologischer Überlegungen, mit deren Hilfe der Versuch gemacht wird, sachlich richtige Erkenntnisse und Werteinsichten zu zustimmungsfähigen Begründungen zusammenzufassen.

Noch so lange Traditionen, die aber möglicherweise auf überholten, inzwischen als sachlich falsch erkannten Vorstellungen beruhten, vermögen Christen – um hier nur von diesen zu sprechen – nicht von der Notwendigkeit zu entbinden, sich immer neu um Sachaussagen zur menschlichen Sexualität und ihre sozialen Zusammenhänge zu bemühen und für ihre Werturteile im Rahmen einer pluralistischen Gesellschaft argumentativ um Zustimmung zu werben. Es scheint Christen in diesem Zusammenhang besonders schwer zu fallen, einzusehen, daß Sittlichkeit und sittliche Werte als solche nicht mit Gesetzen als Mitteln des Rechts zur Anerkennung und Realisierung gebracht werden können. Rechtliche Normierungen innerhalb der Gesellschaft und sittliche Normierungen im Bewußtsein der einzelnen müssen sich nicht decken; sie betreffen vor allem unterschiedliche Wertbereiche.

Es ist allerdings damit zu rechnen, daß Änderungen der rechtlichen Normierungen in den Bereichen der Sexualität und der Ehe und Familie von vielen Menschen als maßgebliche Einflüsse auf ihr sittliches Bewußtsein erfahren werden. Die Konsequenz, die daraus gezogen wird, darf aber nicht lauten, daß Kirche sich gegen jede Veränderung des Sozialverhaltens und der Rechtsnormen ausspricht, sondern alles daransetzt, das Bewußtsein für sittliche Werte zu stärken und das sittliche Handeln zu fördern durch Mehrung von Einsicht und Gewissenhaftigkeit, die in der gemeinschaftlichen Überzeugung ihre Abstützung erhalten. Dabei wird sich zeigen, daß die Einsicht in christlich vertretbare Normen auch innerhalb der Kirche das Ergebnis von Erfahrungen, gelebter Überzeugung und Kommunikation darstellt, also eines Prozesses, der keineswegs völlig von autoritativen Setzungen abhängig ist.

(Über die grundsätzliche Problematik und die Art der Normierung – teleologisch statt deontologisch – vgl. den Beitrag von H.-J. Türk, Zur ethischen Problematik der ‚normativen Kraft des Faktischen'.)

Von besonderer Bedeutung für die Sexualerziehung der einzelnen wie auch für das Wohl der Gesellschaft wird es sein, ob es gelingt, die Sinnhaftigkeit und den Nutzen von Institutionen überhaupt und der Eheinstitution im besonderen überzeugend aufzuweisen. Auch bei dieser Bemühung dürfte zunächst die anthropologische, psychologische und soziologische theoretische Begründung der theologischen vorzuziehen sein – zumal die historische Forschung zeigt, wie stark Theologie mit dem Weltbild und der Ausprägung des menschlichen Selbstverständnisses in Wechselwirkung steht. Die umfassende Erfahrung der weithin hominisierten Welt bedarf um der bewußten Humanisierung willen dringend der Praktizierung von Partnerschaft in allen Lebensbereichen und deshalb auch der bewußten Hinführung zu ihr mit den Mitteln der Selbst- und Fremderziehung. Der christliche Gedanke von der Würde des Menschen könnte hierbei treibende Kraft sein und müßte für die individuelle und soziale Bejahung vollen Menschseins in Gegenseitigkeit und Partnerschaft innerhalb der Sexualerziehung entfaltet werden.

Lernziele und Inhalte der Fortbildung

1. Das Faktum der kulturellen Formung des menschlichen Sexualverhaltens erkennen und die Angemessenheit einer solchen Formung für das Menschsein einsehen.

Literatur:

Zur Kulturgeschichte der Sexualität, der Ehe und der Familienformen und der in ihr vorfindlichen unterschiedlichen sexualethischen Normen:

z. B. *M. Mead*, Mann und Weib. Das Verhältnis der Geschlechter in einer sich wandelnden Welt, Hamburg 1959 (Nachdruck 1970).

R. Benedict, Urformen der Kultur, Hamburg 1955 (Nachdruck 1963).

H. Schelsky, Soziologie der Sexualität. Über die Beziehungen zwischen Geschlecht, Moral und Gesellschaft (Rowohlts deutsche Enzyklopädie Bd. 2), Hamburg 1955.

H. Bauer, Geschlechtserziehung und Gesellschaft. Neuwied und Berlin 1973.

Vgl. a. Auskünfte der Verhaltensforschung und der Psychoanalyse.

2. Die soziale Komponente der menschlichen Sexualität aus den Beiträgen einzelner Sozialwissenschaften an Beispielen aufzeigen können.
(Dieses Globalziel bedarf der Konkretisierung durch die folgenden Teilziele.)

3. Die Vielfalt der Sozialwissenschaften mit ihren spezifischen formalen Forschungsaspekten zur Kenntnis nehmen und befähigt werden, in diesem Zusammenhang auch sozial-ethische Bemühungen zu würdigen und normative Aussagen als für Erziehung unerläßlich einzusehen.
Literatur:
E. M. Wallner, Soziologie, Heidelberg [3]1973;
W. Klafki, Normen und Ziele in der Erziehung, in: Erziehungswissenschaft 2 (Funkkolleg 8 – Fischer Taschenbuch 6107), Frankfurt 1970, 13–51 (Lit.).

4. Der Verleitung zu überzogener Wissenschaftsgläubigkeit widerstehen durch die Einsicht in die Lückenhaftigkeit und zum Teil Widersprüchlichkeit der Erkenntnisse verschiedener Wissenschaften über Aspekte der menschlichen Sexualität, mit denen auch die Beiträge einzelner Sozialwissenschaften behaftet sind.
Vgl. das in 1.1 und 1.2 Gesagte.

5. Methoden der empirischen Sozialforschung nennen, Probleme der statistischen Ergebnisauswertung (Repräsentativität, Validität, Reliabilität und Signifikanz) kennen und von daher sozialwissenschaftliche Aussagen kritisch verarbeiten können.
Sozialwissenschaftliche Forschungsrichtungen kennen; um den Einfluß der grundsätzlichen Gesellschaftsauffassung ihrer Vertreter auf deren Aussagen wissen und auf diesem Hintergrund zwischen Tatsachenbehauptung und Werturteil unterscheiden lernen.
Vgl. das in 1.3 Gesagte.

Literatur:
Veröffentlichungen über Methoden empirischer Sozialforschung: z. B. *P. Atteslander,* Methoden der empirischen Sozialforschung (Sammlung Göschen Bd. 4229), [3]Berlin–New York 1974;
H. Kellerer, Statistik im modernen Wirtschafts- und Sozialleben (Rowohlts deutsche Enzyklopädie 103/104); Hamburg [14]1972, 248–279 (Grenzen und Gefahren der Wirtschafts- und Sozialstatistik);
J. Kriz, Statistik in den Sozialwissenschaften. Einführung in die kritische Diskussion (rororo-Studium Bd. 29), Hamburg 1973.
Literatur über Grundanliegen sozialwissenschaftlicher Schulen: Zusammenfassend z. B. die Sammelbände:
Werturteilsstreit, hg. von H. Albert und E. Topitsch (Wege der Forschung Bd. 175), Darmstadt 1971;
T. Adorno u. a., Der Positivismusstreit in der deutschen Soziologie (Sammlung Luchterhand 72), Neuwied und Berlin 1972.

6. Die Herkunft und den Inhalt der in sexualpädagogischer Literatur genannten völkerkundlichen Beispiele kennen, das erkenntnisleitende Interesse für ihre Auswahl wahrnehmen und sich die Problematik der Beispiele und dieses Interesses bewußtmachen.
Vgl. das in 2.1 Gesagte.
Literatur:
D. P. Ausubel, Das Jugendalter. Fakten, Probleme, Theorie, München [2]1970, 372–377.

7. Fakten, Trends und Ursachen des Weltbevölkerungswachstums kennen.
Vgl. das in 2.2.1 bis 2.2.6 Gesagte.
Literatur:
H. Glubrecht, Das Wachstum der Weltbevölkerung und seine anthropologischen Konsequenzen, in: Sozialanthropologie (Neue Anthropologie, Bd. 3; dtv-Wissenschaftliche Reihe. Nr. 4071), Stuttgart 1972, 33–71.

8. Das Wissen um den rapiden weltweiten Anstieg des Bevölke-

rungszuwachses auf die Diskussion um Notwendigkeit, Methoden und Ausmaß von Familienplanung und Bevölkerungspolitik beziehen und den Beitrag der Bevölkerungslehre dazu abschätzen können.
Vgl. das in 2.2.1 bis 2.2.6 Gesagte.
Literatur:
M. Wingen, Grundfragen der Bevölkerungspolitik (Urban-Taschenbücher 509), Stuttgart 1975.

9. Erkennen, daß die Geschlechtsrollenproblematik von ihrer biologischen, psychologischen und soziologischen Komponente aus gesehen und angegangen werden kann.
Vgl. das in 2.3.1 und bei Neumann-Tünte Gesagte.
Literatur:
J. Money, Zur Geschlechtsdifferenzierung, in: Texte zur Sozio-Sexualität, hrsg. von H. Kentler (Uni-Taschenbücher Nr. 247), Opladen 1973, 122–131;
D. P. Ausubel, Das Kindesalter. Fakten, Probleme, Theorie, München 1974, 409–411;
The Development of Sex Differences, ed. by E. E. Macobby, Stanford, California 1966.

10. Ausdrucksformen der sozialen Geschlechtsrolle und Weisen ihrer Vermittlung an Kinder und Jugendliche kennen.
Vgl. das in 2.3.1 Gesagte.

11. Verstehen, daß die Ziele und der Vorgang einer emanzipatorischen Sozialisation sich auch in der Terminologie der neueren soziologischen Rollentheorie darstellen lassen.
Vgl. das in 2.3.1 Gesagte.
Literatur:
L. Krappmann, Neuere Rollenkonzepte als Erklärungsmöglichkeit für Sozialisationsprozesse, in: Familienerziehung, Sozialschicht und Schulerfolg, hrsg. von der b : e-Redaktion, Weinheim 1972, 161–183;
V. Rittner, Rollentheorie, in: Sozialisationstheorie, hg. von Dietmar Kamper (Studienführer zur Einführung in das kritische Stu-

dium der Erziehungs- und Sozialwissenschaften), Freiburg–Basel–Wien 1974, 109–121.

12. Die Vorurteilsbelastung der sozialen Geschlechtsrolle der Frau in unserer Gesellschaft sich bewußt machen.
Vgl. das in 2.3.2 Gesagte.
Literatur:
E.-R. Brunotte, Vorurteile gegenüber Frauen. Das Vorurteil als Bildungsbarriere, hg. von W. Strzelewicz, Göttingen ³1972, 258–286;
E. Sullerot, Die Frau in der modernen Gesellschaft. München 1971.

13. Ergebnisse kulturanthropologischer Forschung über die Variabilität der Geschlechtsrollen zur Kenntnis nehmen und im Zusammenhang damit über die grundsätzliche Möglichkeit und die eventuellen Erfordernisse der Veränderung an den sozialen Geschlechtsrollen in unserer Gesellschaft reflektieren können.
Vgl. das in 2.3.2 Gesagte.
Literatur:
H. Schelsky, Soziologie der Sexualität. Über die Beziehungen zwischen Geschlecht, Moral und Gesellschaft (rde, Bd. 2), Hamburg 1955, 16–26;
M. Mead, Mann und Weib. – Das Verhältnis der Geschlechter in einer sich wandelnden Welt (rde Bd. 69/70), Reinbeck 1958;
B. Malinowski, Geschlecht und Verdrängung in primitiven Gesellschaften (rde Bd. 139/140), Reinbek 1962.

14. Auswirkungen von überkommenen Auffassungen von der sozialen Geschlechtsrolle der Frau auf die Situation der erwerbstätigen Frauen kennen, die Daten zur Analyse unserer Gesellschaft gebrauchen und Einsicht in Bestrebungen zur Frauenemanzipation entwickeln können.
Vgl. das in 2.3.2 Gesagte.
Literatur:
M. Borris, Die Benachteiligung der Mädchen in Schulen der Bundesrepublik und Westberlin, Frankfurt 1972;

H. Pross, Über Bildungschancen von Mädchen in der Bundesrepublik, Frankfurt 1969;
Dies., Erwerbstätige Frauen in der Bundesrepublik. Bericht einer Untersuchung, Gießen 1972;
Dies., Gleichberechtigung im Beruf? Eine Untersuchung mit 7000 Arbeitnehmerinnen in der EWG, Frankfurt 1973;
Dies., Die Wirklichkeit der Hausfrau, Hamburg 1975;
M. Langkau-Hermann und *J. Lankau,* Arbeitsmarktstrategien zur verstärkten Integration der Frau in die Arbeits- und Berufswelt, Köln 1972;
Die Frau in der Familie und im Beruf, hg. vom Statistischen Bundesamt, Stuttgart–Mainz 1972;
R. Kreckel u. a., Vertikale Mobilität und Immobilität in der BRD, in: Mitteilungen aus dem Institut für Raumordnung (Heft 75), Bonn–Bad Godesberg 1972;
E. K. Scheuch, Soziologie der Freizeit, in: Handbuch der empirischen Sozialforschung, hrsg. von R. König. Bd. II, Stuttgart 1969, 735–833. 763f.;
E. Pfeil, Die Berufstätigkeit von Müttern. Eine empirisch-soziologische Erhebung an 900 Müttern aus vollständigen Familien, Tübingen 1961 (in dieser Untersuchung wurden auch 400 Ehemänner zur Berufstätigkeit ihrer Frau befragt);
Dies., Die 23jährigen. Eine Generationsuntersuchung am Geburtenjahrgang 1941, Tübingen 1968; (Ein Auszug, Familiengründung und Vorstellungen vom Familienleben, findet sich in: Seminar: Familie und Familienrecht, hrsg. von Sp. Simitis und G. Zenz, Bd. 1 (Suhrkamp Taschenbuch Wissenschaft, Nr. 102), Frankfurt 1975, 230–241).

15. Von der Existenz empirischer Untersuchungen über Jugendsexualität (Einstellung und Verhalten) wissen und die für die einzelnen Untersuchungen in der Bundesrepublik typischen Forschungsinteressen und -ergebnisse aus den Originalveröffentlichungen oder aus referierenden Berichten kennen.
Vgl. das in 2.3.3 bis 2.3.3.4 und 3 Gesagte.
Literatur:
Forschungsbeiträge:

H. Giese und *G. Schmidt*, Studentensexualität. Verhalten und Einstellung. Reinbek 1968;
G. Schmidt und *V. Sigusch*, Arbeiter-Sexualität. Eine empirische Untersuchung an jungen Industriearbeitern, Neuwied–Berlin 1971;
V. Sigusch und *G. Schmidt*, Jugendsexualität. Dokumentation einer Untersuchung an 16- und 17jährigen Schülern und Schülerinnen (Beiträge zur Sexualforschung Bd. 52), Stuttgart 1973;
J. Schlaegel, K. Schoof-Tams, L. Walczak, Beziehungen zwischen Jungen und Mädchen. Sexuelle Sozialisation in Vorpubertät, Pubertät und früher Adoleszens (I): Sexualmedizin 4 (1975) Heft 4, 206–218;
L. Walczak, J. Schlaegel, K. Schoof-Tams, Sexualmoral Jugendlicher. Sexuelle Sozialisation in Vorpubertät, Pubertät und früher Adoleszens (II): ebd. 4 (1975) Heft 5, 306–325;
K. Schoof-Tams, L. Walczak, J. Schlaegel, Ehe-Perspektiven Jugendlicher. Sexuelle Sozialisation in Vorpubertät, Pubertät und früher Adoleszenz (III): ebd. 4 (1975), Heft 6.
Berichte:
C. B. Broderick, Kinder- und Jugendsexualität. Sexuelle Sozialisierung (rororo-Sexologie 8005), Reinbek 1970;
G. Schmidt, Jugendsexualität und Sexualerziehung, in Geschlechtserziehung heute. Informationen, Kontroversen, Modelle, hg. von R. Haun, München 1971, 53–74;
H. Scarbath, „Neue Moral“ der Jugend?, in: Katechetische Blätter 98 (1973), Heft 10, 603–617;
Texte zur Sozio-Sexualität, hg. von H. Kentler (Uni-Taschenbücher Nr. 247), Opladen 1973, 87–105;
V. Sigusch und *G. Schmidt*, Sexualpraxis und Sexualmoral der Schüler: Sexualmedizin 2 (1973), Heft 5, 240–245;
Dies., Veränderungen der Jugendsexualität zwischen 1960 und 1970, in: Inhaltsprobleme der Sexualpädagogik, hg. von W. Fischer u. a. (Sexualpädagogik II), Heidelberg 1973, 62–86;
H. J. Mechler, Empirische Untersuchungen zur Jugendsexualität, in: Kritische Sexualpädagogik. Bestandsaufnahme – Empirische Daten – Situationsübersicht, hrsg. von R. Weiss (Pädagogik der Gegenwart Nr. 204), Wien–München 1974, 201–224;

L. Walczak, K. Schoof-Tams, J. Schlaegel, Einstellung Jugendlicher zur Sexualität, in: Westermanns pädagogische Beiträge 27 (1975), Heft 4, 187–195;
D. P. Ausubel, Das Kindesalter. Fakten, Probleme, Theorie, München 1974, 404–415;
Ders., Das Jugendalter. Fakten, Probleme, Theorie, München ²1970, 371–402;
H. Nickel, Entwicklungspsychologie des Kindes- und Jugendalters, Bd. II: Schulkind und Jugendlicher, Bern–Stuttgart–Wien 1975, 142–153; 402–418.

16. Über die soziologische Problematisierung der sogenannten Latenzphase informiert sein und über sexualkundliche empirische Untersuchungsergebnisse an Kindern in dieser Altersperiode der mittleren Kindheit Bescheid wissen.
Vgl. das in 2.3.3.1 und bei Böhringer-Schröder 3.3 Gesagte.
Literatur:
C. B. Broderick, a. a. O. 39–57;
H. Nickel, a. a. O. 145–153;
D. P. Ausubel, Das Kindesalter, 405.

17. Kenntnis haben von dem gegenüber früher vorzeitigeren Beginn der Pubertät; und über kulturelle (werteinstellungsmäßige) soziale (z. B. Gruppendruck) und erzieherische Einflußfaktoren auf sexuelle Aktivitäten Jugendlicher realitätsbezogen reflektieren können.
Vgl. das in 2.3.3.2 Gesagte.
Literatur:
C. B. Broderick, a. a. O. 65–67;
H. Nickel, a.a.O. 289–291; 302–306; 312–318;
D. P. Ausubel, Das Jugendalter, 375–378.

18. Um den Trend jugendlichen Sexualverhaltens in seinen verschiedenen Formen und schichtspezifischen und geschlechtsspezifischen Ausprägungen wissen und die empirischen Daten auf dem Hintergrund der kulturellen und sozialen Veränderungen der letzten Jahre interpretieren können.
Vgl. das in 2.3.3.3 Gesagte.

Literatur:
Die oben angeführten Forschungsbeiträge und Berichte; darunter besonders:
V. Sigusch und *G. Schmidt,* Veränderungen der Jugendsexualität;
H. J. Mechler, Empirische Untersuchungen.

19. Die Einstellung der Jugendlichen zu Sexualität, Liebe und Ehe von ihrem faktischen sexuellen Verhalten abheben und das Traditionelle ihrer ‚Standards' bei Vorverlegung bestimmter sexueller Verhaltensweisen erkennen können.
Vgl. das in 2.3.3.4 Gesagte.
Literatur:
V. Sigusch und *G. Schmidt,* Veränderungen der Jugendsexualität;
L. Walczak u. a., Einstellung Jugendlicher;
K. Schoof-Tams u. a., Ehe-Perspektiven Jugendlicher.

20. Darlegen können, warum die mehrperspektivische Behandlung von Ehe und Familie einen unverzichtbaren Beitrag zur schulischen Geschlechtserziehung darstellt und welche Hilfe die Familiensoziologie dabei leisten kann.
Vgl. das in 2.3.4 Gesagte.
Literatur:
G. Schwägler, Soziologie der Familie. Ursprung und Entwicklung. Einleitender Essay von W. E. Mühlmann: Die Bevölkerungsexplosion und die Zukunft der Familie, Tübingen 1970;
F. Neidhardt, Die Familie in Deutschland. Gesellschaftliche Stellung, Struktur und Funktion, in: K. M. Bolte, F. Neidhardt, H. Holzer, Deutsche Gesellschaft im Wandel, Bd. 2, Opladen 1970, 9–84;
R. König, Die Familie der Gegenwart. Ein interkultureller Vergleich (Beck'sche Schwarze Reihe, Bd. 116), München 1974 (Lit.);
I. Weber-Kellermann, Die deutsche Familie. Versuch einer Sozialgeschichte, Frankfurt 1974.

21. Wichtige Begriffe der Familiensoziologie kennen und Einsicht gewinnen in Inhalt und Bedeutung der Aussage von der Kernfamilie als universeller Institution der Menschheit.
Vgl. das in 2.3.4.1 bis 2.3.4.2 Gesagte.
Literatur:
R. König, a.a.O. 9–21;
H. Rosenbaum, Familie als Gegenstruktur zur Gesellschaft. Kritik grundlegender theoretischer Ansätze der westdeutschen Familiensoziologie, Stuttgart 1973, 145–153.

22. Familiensoziologische Aussagen über typische Merkmale der Kernfamilie in unserer heutigen Gesellschaft kennen und Funktionen der Familie früher und heute unterscheiden und in ihrer Bedeutung würdigen können.
Vgl. das in 2.3.4.3 Gesagte.
Literatur:
R. König, a. a. O. 61–74;
D. Claessens, Familie und Wertsystem. Eine Studie zur „zweiten, sozio-kulturellen Geburt" des Menschen und der Belastbarkeit der „Kernfamilie", [3]Berlin 1972.

23. Die tiefgreifenden Einflüsse der Gesellschaftspolitik, der Kultur und der gesellschaftlichen Organisation der Wirtschaft auf das Leben der Familie sehen und an Beispielen aus Vergangenheit und Gegenwart erläutern können.
Vgl. das in 2.3.4.4 Gesagte.
Literatur:
R. König, a. a. O. 22–48;
H. Rosenbaum, a. a. O. 106–136;
Familie und Gesellschaft, hg. von F. Oeter, Tübingen 1966.

24. Die familiale Sozialisationsproblematik auf dem Hintergrund der Gesellschaftsschichtung, der häufigen Sozialisationsschwäche der Väter und der Erwerbstätigkeit vieler Mütter im Hinblick auf die Folgen für jüngere und ältere Kinder reflektieren können.
Vgl. das in 2.3.4.5 Gesagte.

Literatur:
H. Lüdtke, Soziale Schichtung, Familienstruktur und Sozialisation, in: Familienerziehung, Sozialschicht und Schulerfolg, hg. von der b : e-Redaktion, Weinheim 1972, 132–160;
P. Milhoffer, Familie und Klasse. Ein Beitrag zu den politischen Konsequenzen familialer Sozialisation (Fischer Taschenbuch, Nr. 6515), Frankfurt 1973, 153–219;
H. U. Peter, Schichtenspezifische Sozialisation, in: Sozialisationstheorie (Studienführer zur Einführung in das kritische Studium der Erziehungs- und Sozialwissenschaften), Freiburg–Basel–Wien 1974, 129–137 (Lit.);
A. Mitscherlich, Auf dem Weg zur vaterlosen Gesellschaft. Ideen zur Sozialpsychologie, München 1963;
D. L. Scharmann und *B. Scharmann,* Das Verhältnis von Familie, Beruf und Arbeit in ihren Sozialisationswirkungen, in: Die Familie als Sozialisationsfaktor, hg. von G. Wurzbacher, Stuttgart 1968, 248–303;
A. Ammen, Die außerhäusliche Berufstätigkeit des Vaters. Eine empirische Untersuchung zur Familiensoziologie, Stuttgart 1970;
D. Wachler, Das verlängerte Wochenende in seinen Wirkungen auf Familie und Haushalt, Düsseldorf 1972;
E. Lupri, Gesellschaftliche Differenzierung und familiale Autorität, in: Soziologie der Familie, hg. von G. Lüschen und E. Lupri (Sonderheft 14 der Kölner Zeitschrift f. Soziologie und Sozialpsychologie), Köln–Opladen 1970, 323–352;
B. Caesar, Autorität in der Familie. Beitrag zum Problem schichtenspezifischer Sozialisation (rde Nr. 366), Reinbek 1972;
H. Hermann, Die außerhäusliche Erwerbstätigkeit verheirateter Frauen. Eine sozialpolitische Studie, Stuttgart 1957;
A. Myrdal und *V. Klein,* Die Doppelrolle der Frau in Familie und Beruf, Köln–Berlin 1960;
E. Pfeil. Die Berufstätigkeit von Müttern. Eine empirisch-soziologische Erhebung an 900 Müttern aus vollständigen Familien, Tübingen 1961;
E. Dahlström, Familie und Arbeit der Ehefrau, in: Seminar: Familie und Familienrecht, hg. von Sp. Simitis und G. Zenz, Bd. 1 (Suhrkamp Taschenb. Wissensch., Nr. 102), Frankf. 1975, 212–229;

U. Lehr, Die Frau in Beruf und Familie, Bonn 1969;
Frauenenquete. Bericht der Bundesregierung über die Situation der Frau in Beruf, Familie und Gesellschaft. Bundestagsdrucksache V/909 vom 14. 6. 1966;
Familienbericht. Bericht über die Lage der Familien in der Bundesrepublik Deutschland. Bundestagsdrucksache V/2532 vom 25. 1. 1968;
Bericht der Bundesregierung über die Maßnahmen zur Verbesserung der Situation der Frau. Bundestagsdrucksache VI/3689 vom 1. 8. 1972;
H. Ulshoefer, Mütter im Beruf. Die Situation erwerbstätiger Mütter in neun Industrieländern. Annotierte Bibliographie, Weinheim 1969;
H. E. Richter, Eltern-Kind-Neurose. Die Rolle des Kindes in der Familie, Reinbek 1969;
C. Thalmann, Verhaltensstörungen bei Kindern im Grundschulalter, Stuttgart 1971;
E. A. Koliadis, Mütterliche Erwerbstätigkeit und kindliche Sozialisation. Analyse und Bewertung von Befunden empirischer Untersuchungen (Studien und Forschungen. Berichte aus dem Pädagogischen Institut der Universität Freiburg/Schweiz, Bd. 13; Beltz Monographien Soziologie), Weinheim 1975;
R. Spitz, Vom Säugling zum Kleinkind. Naturgeschichte der Mutter-Kind-Beziehung im ersten Lebensjahr, Stuttgart 1967;
R. Koch, Vom Mythos der Mutter-Kind-Beziehung, in: Betrifft: Erziehung 8 (1975), Heft 7, 43–50 (Vorabdruck aus seinem Buch: Berufstätigkeit der Mutter und Persönlichkeitsentwicklung des Kindes, Düsseldorf 1975;
Theorien und Analysen zur frühkindlichen Sozialisation, hg. von F. Neidhardt, Stuttgart 1975.

25. Experimente zur Entwicklung von Alternativen zur herkömmlichen Kernfamilie (Kommunen, Wohngruppen und israelische Kibbuzim) kennenlernen, Gründe für ihr teilweises Scheitern erörtern und theoretisch die Vor- und Nachteile der verschiedenen Experimente für die Familienfunktionen aufzeigen können.

Vgl. das in 2.3.4.6 Gesagte.
Literatur:
D. Ackerknecht u. a., Kommune und Großfamilie. Dokumente – Programme – Probleme (Veröffentlichung des Instituts für Ehe- und Familienwissenschaft, Bd. 1), Tübingen 1972;
Wohngruppe, Kommune, Großfamilie. Gegenmodelle zur Kleinfamilie, hg. von J. Feil, Reinbek 1972;
Neue Formen des Zusammenlebens, in: Texte zur Sozio-Sexualität, hg. von H. Kentler (Uni-Taschenbücher Nr. 247), Opladen 1973, S. 274–357;
H. Rosenbaum, Familie als Gegenstruktur zur Gesellschaft, a. a. O. 153–173. Darin S. 156, Anm. 227 weitere Literatur zur Kibbuz-Erziehung.

26. Bereiche kennen, in denen die Vermittlung des Inhalts und der Intention erlassener Gesetze einen rechtlichen Beitrag zur Sexualerziehung leistet.
Vgl. das in 2.4.1 bis 2.4.5 Gesagte.

27. Wertentscheidungen reflektieren, die für Rechtsreformen im Ehe- und Familienrecht und in den hier einschlägigen Bereichen des Strafrechts und des Jugendschutzes maßgebend sind.
Vgl. das in 2.4.1 bis 2.4.5 Gesagte.

28. Neuregelungen und Regelungstendenzen im Ehe- und Familienrecht zur Kenntnis nehmen; näherhin: bei Problemen der Gleichberechtigung von Mann und Frau, bei der Verhältnisbestimmung von Elternrecht und Kindesrecht und beim Ehescheidungsrecht.
Vgl. das in 2.4.2 Gesagte.
Literatur:
Seminar: Familie und Familienrecht, hg. von Sp. Simitis und G. Zenz, 2 Bde. (Suhrkamp Taschenbuch Wissenschaft Nr. 102 und 103), Frankfurt 1975. Darin besonders:
Sp. Simitis, Zur Situation des Familienrechts – Über einige Prämissen: I,15–61;
Ders., Zur Situation der elterlichen Gewalt: II, 66–72;

G. Zenz, Kindeswohl und Elternrecht nach der Scheidung: II, 166–182;
Sp. Simitis, Elterliche Sorge im neuen Nichtehelichenrecht: II, 210–221;
Statistik über geschiedene Ehen mit Kindern: II,112;
Statistik der Ehescheidungen in Deutschland: I,294;
M. Rheinstein, Auf dem Wege zu einer Liberalisierung des Scheidungsrechts: I,295–300;
Sp. Simitis, Schwerpunkt Unterhalt: I,323–329.

29. Den Inhalt der Neuregelung des Sexualstrafrechts kennen und ihre Intention auf dem Hintergrund deutlicherer Unterscheidung von Recht und Sittlichkeit (Ethik) reflektieren können.
Vgl. das in 2.4.3 Gesagte.
Literatur:
H. Lerchbacher, Sex im Recht, Reform des Sittenstrafrechts (Jugend – Staat – Gesellschaft, Bd. 12), Tübingen 1974 (diese Veröffentlichung enthält neben Erläuterungen der Änderungen im Sexualstrafrecht die wichtigsten Gesetzestexte im Wortlaut);
W. Molinski, Recht, Gerechtigkeit und Sittlichkeit: Neues Hochland 65 (1973) 2–17.

30. Die Problematik der rechtlichen Pornographie-Eindämmung und des Jugend-Medienschutzes erfassen und die getroffenen gesetzlichen Regelungen in ihren Grundzügen kennen.
Vgl. das in 2.4.4 und bei Böhringer-Schröder 3.3.1.12 Gesagte.
Literatur:
Jugend-Medienschutz 1974. Schutz der Jugend vor Mediengefahren, hg. von R. Stefen (Heft 4 der Schriftenreihe der Bundesprüfstelle für jugendgefährdende Schriften), Bonn 1974;
H. Oestereich, Sexualpädagogik – progressiv oder radikal? 21 Problemkreise der Sexualpädagogik der progressiven Mitte (Neue Schriftenreihe der LAGG, Bd. 5), Neuburgweier 1973, 99–104.

31. Die Vielschichtigkeit der Aspekte der modernen Diskussion über die Abtreibungsproblematik kennen, die unterschiedlichen Standpunkte und Lösungsvorschläge bei dem Versuch einer Änderung des § 218 StGB in der Bundesrepublik verstehen und die Entscheidung des Bundesverfassungsgerichts vom 25. 2. 1975 in dieser Frage interpretieren können.
Vgl. das in 2.4.5 Gesagte.
Literatur:
Das Abtreibungsverbot des § 218, hg. von J. Baumann (Sammlung Luchterhand), Neuwied–Berlin 1971;
J. Gründel (Hg.), Abtreibung – pro und contra, Innsbruck–Würzburg 1971;
Theologische Quartalschrift 151 (1971), 3. Quartalheft: darin neben einigen einschlägigen Aufsätzen a. *H. Bour*, Schwangerschaftsabbruch-Bibliographie, 254–263;
Ausgleich zwischen den Rechten der Frau und des Kindes. Auszüge aus dem Urteil des Bundesverfassungsgerichts zur Fristenregelung und aus dem Sondervotum der beiden überstimmten Richter: Frankfurter Allgemeine Zeitung vom 27. 2. 1975, 7.

32. Das politikwissenschaftliche Interesse an der politischen Bildung einsehen und über Zusammenhänge zwischen Sexualerziehung und politischer Bewußtseinsbildung reflektieren können.
Vgl. das in 2.5.1 Gesagte.

33. Historische Beispiele der Funktionalisierung der Sexualpädagogik für die politische Sozialisation kennen.
Vgl. das in 2.5.2 bis 2.5.3.3 Gesagte.
Literatur:
F. Koch, Sexualpädagogik und politische Erziehung, München 1975.

34. Ursprung und Verlauf der älteren und neueren Sexpol-Bewegung kennen und den ideologischen Charakter ihrer konzeptionellen Aussagen aufweisen können.
Vgl. das in 2.5.3.2 bis 2.5.3.3 Gesagte, ferner: Literatur von und über Wilhelm Reich (S. 101, Anmerkung 11).

Literatur:
Geschichte der deutschen Sexpol-Bewegung I und II, in: Marxismus, Psychoanalyse, Sexpol, Bd. 1, hg. von H.-P. Gente (Fischer Taschenbuch 6056), Frankfurt 1970, 160–181;
Bundesvorstand des Aktionszentrums Unabhängiger und Sozialistischer Schüler (AUSS), Thesen zur Sexualkampagne, in: Marxismus, Psychoanalyse, Sexpol, Bd. 2, hg. von H.-P. Gente (Fischer Taschenbuch 6072), Stuttgart 1972, 303–310;
D. Fassnacht, Sexualität und Politik. Die Sexualethik der studentischen Linken (Schriftenreihe zur Sexualethik), Frankfurt–Berlin–München 1971;
Referierendes und Kritisches zu Wilhelm Reich und Herbert Marcuse auch in: Texte zur Sozio-Sexualität, hg. von H. Kentler (Uni-Taschenbücher, Nr. 247), Opladen 1973, 218–221 und 229–232.

35. Sich der Problematik bewußt werden, die für eine inhaltliche Bestimmung der sogenannten emanzipierenden Sexualerziehung durch die permissive Sexualpraxis und die ‚repressive Entsublimierung' in der modernen (kapitalistischen) Gesellschaft entstanden ist.
Vgl. das in 2.5.3.3 bis 2.5.4 Gesagte.
Literatur:
R. Reiche, Sexualität und Klassenkampf. Zur Abwehr repressiver Entsublimierung (Fischer-Taschenbuch 6082), Frankfurt 1971, 98ff. – Zum Begriff der ‚repressiven Entsublimierung' ebd. 137–139;
H. Kentler, Sexualerziehung (rororo-Sexologie 8034), Reinbek 1970, 142–147.

36. Sachverhalte benennen können, die eine allgemeine Aussage über die Situation der Schüler in Fragen der Sexualität sehr erschweren.
Vgl. das in 3 Gesagte.

37. Über die trotz des KMK-Beschlusses vom 3. 10. 1968 zur Sexualerziehung in den Schulen vorhandenen Mängel der bis-

herigen schulischen Sexualerziehung informiert sein und sich über die wahrscheinlichen Folgen für die Situation der Schüler eine Vorstellung bilden.
Vgl. das in 3 Gesagte.
Literatur:
H. Gatzen, Sexualpädagogik in der Bundesrepublik Deutschland: Medien- und Sexualpädagogik 2 (1974), Heft 2, 2–8;
H. Hunger, Sexualität und die Schwierigkeit der Lehrer, ein Schulfach daraus zu machen: Psychologie heute 2 (1975), Heft 2, 47–56;
R. Müller, Sexualerziehung in der Schule: Westermanns pädagogische Beiträge 27 (1975), Heft 4 (Sexualerziehung in der Schule), 175–177 (Lit.);
A. Machnik, Lehrer als Sexualerzieher. Ausbildungs- und Kommunikationsprobleme: Westermanns pädagogische Beiträge 27 (1975), Heft 5, 273–276;
A. Graf, Zur Rolle des Lehrers in der Sexualerziehung: Medien- und Sexualpädagogik 3 (1975), Heft 2, 5–9;
K. Breuning, Lernziel: Verantwortete Sexualität. Probleme und Möglichkeiten: Concilium 10 (1974), Heft 12, 741–746.

38. Das Ergebnis von Untersuchungen über das Sexualwissen Jugendlicher und über ihre Einstellung zur Sexualität und zur Sexualerziehung kennen und zu Schlußfolgerungen für das eigene Lehrerverhalten im sexualpädagogischen Unterricht kommen.
Vgl. das in 3 und 2.3.3 bis 2.3.3.4 Gesagte.
Literatur:
H. Hunger, Das Sexualwissen der Jugend. Ein Report für Erzieher. Vom Verfasser neu bearbeitete Taschenbuchausgabe einer 1967 veröffentlichten Untersuchung (Herder-Bücherei 381), Freiburg 1970;
C. B. Broderick, Kinder- und Jugendsexualität. Sexuelle Sozialisierung (rororo-Sexologie, 8005), Reinbek 1970, 29–33; 53 bis 56;
K. Preyer, Sexualerziehung Jugendlicher – Tatsachen und Meinungen, Neuburgweier 1973;

L. Walczak, K. Schoof-Tams und *J. Schlaegel,* Einstellung Jugendlicher zur Sexualität: Westermanns pädagogische Beiträge 27 (1975), Heft 4, 187–195;

39. Die weitgehende Inkongruenz der Wertsysteme von Jugend und Kirche kennen und ihre Implikationen zu verstehen suchen. Vgl. das in 2.6 und bei Türk, Traditionelle und moderne Sexualethik und -pädagogik, Gesagte.
Literatur:
R. Bleistein, Die jungen Christen und die alte Kirche (Herderbücherei, Bd. 547), Freiburg 1975;
Ders., Jugend – auf kritischer Distanz zur Kirche, in: Befragte Katholiken – zur Zukunft von Glaube und Kirche. Auswertungen und Kommentare zu den Umfragen für die Gemeinsame Synode der Bistümer in der Bundesrepublik Deutschland, hg. von K. Forster, Freiburg 1973, 151–163;
J. Gründel, Kirche und moderne Wertsysteme. Die Bedeutung der Umfragen zur Synode unter Berücksichtigung der normativen Kraft des Faktischen, in: Befragte Katholiken 64–72.

40. Vorurteilslose, kritische Offenheit für Ergebnisse der empirischen Sozialforschung erlangen und wahren.

41. Wertmaßstäbe zur Beurteilung individueller und sozialer Ausdrucksformen von Sexualität und ihrer Betätigung gewinnen und einsetzen, ohne in intolerantes Moralisieren zu verfallen.

42. Sittliche Werte und Normen in ihrer Eigenständigkeit und Unableitbarkeit von rechtlichen Normierungen erkennen.

43. Einsehen, daß sittliche Erziehung nicht mit Mitteln des Zwangs durchzuführen ist.

44. Zeitgemäße Gründe für die Sinnhaftigkeit und den Nutzen von Institutionen als Komplex aufeinander bezogener Verhaltenserwartungen – und also auch der Ehe – nennen und vermitteln können.

45. Selbstannahme, Gegenseitigkeit und Befähigung zur Partnerschaft als Erziehungsziele der Sexualpädagogik mit dem christlichen Verständnis der Würde des Menschen gedanklich in Verbindung und im Erzieherverhalten zum Ausdruck bringen.
Vgl. das in 2.7 und bei Türk, Böhringer-Schröder und Mattes Gesagte.

Literatur:

F. W. Menne, Kirchliche Sexualethik gegen gesellschaftliche Realität. Zu einer soziologischen Anthropologie menschlicher Fruchtbarkeit, München–Mainz 1971;

Verantwortete Sexualität, ausgewählt und bearbeitet von K. Breuning (Theologisches Forum. Texte für den Religionsunterricht Nr. 6), Düsseldorf [4]1974;

J. Gründel, Das christliche Menschenbild als Ausgangspunkt und Ziel geschlechtlicher Erziehung, in: Geschlechtliche Erziehung in der Schule, hg. von E. Wiesböck, München 1969, 16–58 (Lit.);

Ders., Theologie von Geschlechtlichkeit und Liebe, in: Humanisierte Sexualität, partnerschaftliche Ehe, erfüllte Ehelosigkeit, hg. von H. Erharter und H.-J. Schramm, Wien 1971, 25–48;

P. Schmitz, Der christliche Beitrag zu einer Sexualmoral, Mainz 1972;

W. Molinski, Recht, Gerechtigkeit und Sittlichkeit: Neues Hochland 65 (1973) 2–17;

D. Claessens, Familie und Wertsystem. Eine Studie zur „zweiten, soziokulturellen Geburt“ des Menschen und der Belastbarkeit der „Kernfamilie“ (Soziologische Abhandlungen, Heft 4), Berlin [3]1972;

P. Fürstenau, Zur Psychoanalyse der Rolle des Lehrers im Sexualunterricht, in: Geschlechtserziehung heute. Informationen, Kontroversen, Modelle, hg. von R. Haun, München 1971, 75–85;

K. Doppler, Über die Selbsterziehung der Erzieher. Ein Beitrag zur Psychohygiene des Erziehers, in: Stenger, Parsdorfer, Gründel, Doppler, Gesellschaft – Geschlecht – Erziehung. Studien zur pädagogischen Praxis (Pfeiffer-Werkbücher Nr. 97), München 1971, 155–211.

Hans Joachim Türk

Zur ethischen Problematik der ‚normativen Kraft des Faktischen'

1 Begründungszusammenhänge

1.1 Die Situation in der Wissenschaft

1.1.1 Hinsichtlich der *Einwirkungen der Gesellschaft auf die Moral bzw. der Moral auf die Gesellschaft* gibt es zur Zeit unterschiedliche und auch konträre Auffassungen, die vielfältiger sind als nur der Gegensatz von idealistischer Überschätzung des sittlichen Einflusses auf die Gesellschaft und marxistischer Basis-Überbau-Lehre. Viele dieser Auffassungen sind eher ideologische Konstrukte oder bloße Meinungen als empirische bzw. historisch gesicherte Erkenntnisse (z. B. über die Beziehung von Sexualmoral und Gesellschaftsstruktur bei W. Reich, R. Reiche, A. Plack).
1.1.2 Die Sozialwissenschaften und zum Teil auch die traditionellen Geisteswissenschaften arbeiten mit *demoskopischen* und anderen *empirischen Methoden*, die häufig als *statistische Daten* in den Erkenntnisbestand der jeweiligen Wissenschaft eingehen. Ohne Kenntnisse empirischer Verfahren und besonders der Statistik kann sich heute niemand mehr in den Sozialwissenschaften ausweisen. Allenthalben werden statistische Daten zur Belegung von (oft vorher gewonnenen) Überzeugungen, Meinungen, Thesen herangezogen.
1.1.3 Sozial-, tiefenpsychologische und alltägliche Beobachtungen kommen darin überein, die *Orientierung des Verhaltens von Individuen am Verhalten der Mehrheit bzw. am Gruppenverhalten* festzustellen. Identifizierungsmöglichkeiten, Rollensicherheit in der Gruppe, psychische und soziale Entlastung, soziale Sicherheit, sittliche Rechtfertigung werden durch Anpassung vermittelt (vgl. die Sozialisationstheorie von J. L. Child, die Rollentheorie von T. Parsons, die Systemtheorie von N. Luhmann, die Sozialphilosophie von A. Gehlen).

1.1.4 Die Frage ist grundsätzlich zu stellen (und nicht nur an Einzelbeispielen die eine oder andere Erkenntnis zu gewinnen) und zu beantworten, *inwieweit Faktisches das sittliche Normenbewußtsein legitim verändert* bzw. solche Veränderungen nicht legitimiert. Festzuhalten ist gegenüber einem Skeptizismus und Relativismus, die die Frage nach der sittlichen Legitimität überhaupt nicht aufwerfen, und gegenüber einem gesellschaftlichen Progressismus, der das Heraufkommende mit dem Besseren gleichsetzt: Kein bloßes Faktum (‚factum brutum') legitimiert als solches irgendein Verhalten, somit auch keine Änderung der Fakten an sich schon eine Änderung der sittlichen Normen. Aus reinem Sein und Werden ist ohne ‚petitio principii' (‚Zirkelschluß', d. h. man trägt in die Sach- oder Seinsaussage bereits eine Wertung von vornherein hinein, so daß eine Sollensaussage daraus unschwierig zu entnehmen ist) kein Sollen abzuleiten. Anderseits gibt es Veränderungen in der gelebten und reflektierten sittlichen Überzeugung, die durch Veränderungen im Faktischen angestoßen wurden. Solche durch das Bewußtsein vermittelten Änderungen legitimieren u. U. veränderte sittliche Normen. Die Wirklichkeit ist uns nie rein empirisch, sondern immer bereits als mit Werteigenschaften interpretierte zugänglich; Interpretationen sind historisch und gesellschaftlich beeinflußt – somit *können* grundsätzlich Änderungen der interpretierten Faktizität Änderungen im sittlichen Bewußtsein rechtfertigen. In der Mehrzahl der Fälle ist wahrscheinlich nicht von einer Veränderung im Sinne des Umschlags ins kontradiktorische oder konträre Gegenteil zu sprechen, sondern von einer Erweiterung, einer Differenzierung, Vertiefung der Erkenntnisse und der damit verbundenen sittlichen Bewußtseinslage. Ein weiterer Rechtfertigungsgrund für den Einfluß der Faktizität auf sittliche Normen ist bereits in dem alten moraltheologischen Grundsatz, der zunächst nur für die sittliche Qualität menschlicher Gesetze gemeint war, daß eine ‚*lex*' (Gesetz) ‚*possibilis*' (erfüllbar) und ‚*utilis*' (zweckmäßig) sein muß, um Geltung zu besitzen. Unbeschadet der Beantwortung der Frage, ob sittliche Werte und Normen als ‚lex' zutreffend bezeichnet sind, ist dieser Gedanke auf viele ethische Grundsätze

anwendbar, die als historisch-gesellschaftlich vermittelte (und nicht als unvermittelte, evidente göttliche Bekundung) unter bestimmten seelischen oder gesellschaftlichen Verhältnissen nicht mehr als erfüllbar, sinnvoll, nützlich anzusehen sind (vgl. Geburtenbeschränkung, Gewaltlosigkeit und Gewaltanwendung, Konsumverzicht und Konjunkturbelebung, Gehorsam von Kindern und Untergebenen).
Es trifft beides in der Ethik zu: Ethische Ziele, Werte, Normen kritisieren die moralische Praxis und die Realität, die Realität und die in ihr gelebte Praxis kritisieren die Ethik. Aber dieses *Theorie-Praxis-Problem* ist noch nicht befriedigend klar gelöst; eine einseitige und radikale Auffassung scheint sich jedenfalls zu verbieten. Diesem Sachstand entspricht das Ungenügen sowohl an deontologischen (Prinzipien-)Ethiken als auch an teleologischen (Abwägungs-)Ethiken. Die jeweiligen Aporien jeder einseitigen Auffassung können nur in einer plastischen, entwicklungsfähigen, ‚dynamischen' Zielethik überwunden werden, deren Formulierung allerdings noch nicht gültig gelungen ist.

1.2 Die Situation des Schülers

1.2.1 Im gegenwärtigen soziologistischen und neomarxistischen Klima dürften Schüler geneigt sein, die Einflüsse der Moral auf die Gesellschaft zu *unter*schätzen, die einer oft abstrakt hypostasiert aufgefaßten ‚Gesellschaft' auf die Moral zu überschätzen. Lediglich hinsichtlich der bürgerlichen und besonders der katholischen Moral ist die Meinung verbreitet, daß diese ‚repressive' Moral an vielen Mißständen in Gesellschaft und Staat schuld sei; allerdings wird ebendieses Moralbewußtsein, das sich schädlich auswirkt, oft wiederum auf gesellschaftliche Machtinteressen in Gesellschaft und Kirche zurückgeführt. Diese zum Teil widersprüchlichen, jedenfalls so nicht kohärenten Theorien erklären sich nicht nur aus der Komplexität des Gegenstandes oder aus einer Unkenntnis exakter wissenschaftlicher Befunde, sondern dienen oft der theoretischen Rechtfertigung (‚Rationalisierung') psychischer oder politischer Bedürfnisse und Interessen der Jugendlichen. Im katholischen Traditionsraum ist eher eine unhistorische und ungesellschaftliche Denkweise in Moralfragen beheimatet, die absolute Wertungen aufstellt, ohne deren Historizität und gesellschaftliche Bedingtheit relativierend in Rechnung zu stellen (Rolle der Frau, Gehorsam der Sklaven und Knechte, Zinsverbot, Sexualethik, Volk – Staat – Krieg u. a. m.), was heutigen Schülern unwissenschaftlich und realitätsfremd vorkommen muß.

1.2.2 Besonders auf Nichtfachleute und auf junge Menschen machen empirisch erhobene *Fakten und Zahlen* erheblichen Eindruck. Anderseits werden oft dieselben statistischen Werte zur Behauptung völlig gegensätzlicher Auffassungen benutzt oder auch gegensätzliche, nicht miteinander zu vereinbarende Daten in die Diskussion gebracht, deren Zuverlässigkeit vom Schüler nicht beurteilt werden kann. In moralischen Fragen werden besonders gern Mehrheitsmeinungen, Mehrheitsverhalten zur Legitimierung neuer moralischer Normen herangezogen bzw. die Interpretation der Fakten bevorzugt, die den eigenen Bedürfnissen entgegenkommt.

1.2.3 Gerade der Jugendliche sucht in der Unsicherheit seiner psychischen und sozialen Entwicklung in der jugendlichen Subkultur einer Gruppe, deren Verhaltensmuster er übernimmt, Orientierung und *Verhaltenssicherheit* (vgl. die sehr frühe innere und äußere Loslösung vom Elternhaus, Wohngemeinschaft von Schülern und Studenten).

1.2.4 Die Notwendigkeit einer *Wechselbeziehung* von Norm und Fakten zur Auffindung des sittlich Verbindlichen ist nicht nur gegenüber einer ungeschichtlich, abstrakt und absolut sich gebenden katholischen Naturrechtslehre geltend zu machen, sondern heute besonders gegenüber einem Überhang an Theoriebildung, Utopiedenken, moralischem Rigorismus, die (gegenläufig zum gleichzeitig vorhandenen Neopositivismus) einen Großteil der studierenden Jugend, zumal die politisch, sozial und pädagogisch engagierte zu faszinieren scheinen. In den Augen dieser Jugendlichen rechtfertigen politische, soziale, pädagogische Zielvorstellungen mit ihrem sittlichen Pathos gegenüber einer als inhuman bezeichneten Wirklichkeit manche realitätsfremde Intentionen, Aktionen und Revolten. Auch hier sind Erfüllbarkeit und Zweckmäßigkeit als *sittliches* Korrektiv anzusehen, gerade weil sie heute oft sittlich diffamiert werden.

1.3 Die Bedeutung für das Weltverständnis der Christen

1.3.1 Statt weltanschaulichen Positionskampfes ist eine historisch und sozialwissenschaftlich abgesicherte Erkenntnis nötig, die an einigen bedeutsamen Phänomenen die Wechselwirkungen von Gesellschaft als Faktizität und Moral als Normbewußtsein exemplarisch aufzeigt, ohne nur *die* historischen und gesellschaftlichen Faktoren herauszustellen, die die *eigene* Wertung und Moral bestätigen, was sowohl in christlicher bzw. katholischen als auch antireligiösen bzw. kirchlichen Arbeiten häufig ist.
1.3.2 Erforderlich sind einige wissenschaftstheoretische Überlegungen zur Tragweite empirischer Verfahren überhaupt, insbesonders in den Sozialwissenschaften, noch spezieller in Moralfragen, um die neopositivistische *Über*schätzung empirischer Verfahren in einem Teil der nachwachsenden Generation, soweit sie von Naturwissenschaft und Technik fasziniert ist, auf ihren Stellenwert im Wirklichkeitsganzen zurückzuführen (desgleichen die populäre Überschätzung speziell der Demoskopie), anderseits aber auch die traditionelle *Unter*bewertung der empirischen Forschung in der katholischen Mentalität abzubauen.
1.3.3 Sowohl die *Notwendigkeit einer Anpassung* an die Mehrheit bzw. an eine Gruppe als auch die *Gefahren* solcher Anpassungen an Rollenerwartungen, Sanktionen, Verhaltensmuster der Umwelt für die sittliche Personwerdung, ferner die positive und negative Seite der Beeinflussung des moralischen Gesamtbewußtseins durch Mehrheiten oder auch durch Minderheitengruppen, die sich der Presse, des Fernsehens, des Films, der Werbung zur Propagierung ihrer Verhaltensmuster bedienen, müssen nüchtern abgewogen und dargelegt werden, um sowohl bloße Angepaßtheit, bloßes Funktionieren im System als auch egozentrisches, sozialunfähiges, moralisch-elitäres Außenseitertum zu verhindern.
1.3.4 Es ist herauszuarbeiten, daß es *keine Beliebigkeit* in der Veränderung sittlicher Normen geben kann, daß bloße Anpas-

sung an die Realität an sich kein Rechtfertigungsgrund für Wandel der Moral sein kann, aber durchaus *Modifikationen*, die von einer anders gedeuteten Wirklichkeit und ihren neuerkannten Fakten veranlaßt sind, nötig und legitim sein können. Gegenüber einem statischen Wesensdenken, das auch der christlichen Heilsgeschichte nicht gemäß ist, ist ähnlich wie gegenüber einer hegelianisch-marxistischen Rechtfertigung des Faktischen bzw. des Künftigen durch die Geschichte Stellung zu beziehen, indem das differenzierte gegenseitige Bedingungs- und Implikationsverhältnis von Sein und Sollen, von Faktizität und Norm bedacht wird. Die christliche Moral muß vom Vorwurf sowohl der Wirklichkeitsfremdheit als auch der opportunistischen Anpassung an Gegebenes befreit werden. Der Christ verbindet die eschatologische Hoffnung und die letzten Handlungsziele immer mit der Berücksichtigung der gegenwärtigen Realität.

2. *Lernziele*

2.1 Der Lehrer soll gegensätzliche Auffassungen über das Verhältnis von Moral und Gesellschaft kennen.
Er soll die mangelnde historische bzw. empirische Belegung mancher Auffassungen und ihren ideologischen Charakter aufzeigen können.
Er soll einige gesicherte Untersuchungen über das Verhältnis von Moral und Gesellschaft in ihren Ergebnissen benennen können.
Er soll die Einsicht gewinnen, daß es keine einsinnige Abhängigkeit, sondern eine vielseitige Wechselwirkung von Moral und Gesellschaft gibt.[1]

2.2 Der Lehrer soll die Bedingungen für empirische sozialwissenschaftliche Untersuchungen kennen und ihr Vorhandensein bzw. Nichtvorhandensein an Beispielen beurteilen können.
Er soll sich dessen bewußt werden, daß es in den Sozialwissenschaften keine absolute Objektivität, Wertneutralität, Voraussetzungslosigkeit gibt und damit Ergebnisse interpretationsbedürftig bleiben.

Er soll die Fehlerquellen in der Statistik benennen und das Phänomen der ‚selffullfilling prophecy' beschreiben können.
Er soll gegenüber dem Alleingeltungsanspruch empirischer Wissenschaft zur Erkenntnis der Wirklichkeit andere Erkennungsmethoden (z. B. hermeneutische) als legitim ausweisen und anwenden können.[2]

2.3 Der Lehrer soll die von der Psychologie, Tiefenpsychologie und Soziologie erfaßten Vorgänge beschreiben können, die als Anpassung des Verhaltens an eine Gruppe bzw. an eine Mehrheit erscheinen.
Er soll sich vor unbedachter moralischer Abwertung solcher Anpassung hüten und sie zunächst als seelische und soziale Notwendigkeit begreifen.
Er soll die Spannung zwischen diesen Anpassungsvorgängen und sittlichen Anforderungen an konkreten Beispielen zeigen und die Gefahren, Möglichkeiten und Chancen in der Bewältigung dieser Spannungen aufweisen können.
Er soll die Überzeugung vertreten können, daß Sittlichkeit nicht identisch ist mit psychischen Wohlbefinden und gesellschaftlichem Funktionieren, aber auch nicht ohne Bezug zu diesen Fakten (und Faktoren) gesehen und bewertet werden kann.[3]

2.4 Der Lehrer soll wissen, daß der überwiegende Teil der neuzeitlichen Philosophie- und Wissenschaftsgeschichte mit guten Gründen zu der Einsicht gelangt ist, daß aus bloßer Tatsachenkenntnis noch keine Erkenntnis des sittlichen Sollens unmittelbar folgt.
Er soll wissen, daß nach diesen Auffassungen eine Sollenserkenntnis erkenntnispsychologisch und -theoretisch von anderer Art als Seinserkenntnis und nicht intersubjektiv zwingend ist.
Er soll die geistesgeschichtliche Traditionslinie von Aristoteles über die Stoa, die thomasische Aristotelesrezeption bis zur neuzeitlichen Naturrechtslehre in ihren Grundzügen beschreiben können, die eine Sollensstruktur im Sein der Menschen erblicken. (NB: Diese Lernzielformulierung meint nicht die eben im ersten Ziel angedeutete Ausnahme von der fast allgemeinen Überzeu-

gung: sie kann damit völlig kompatibel sein, wenn man das 2. Lernziel berücksichtigt.)
Er soll erkennen, daß auf mittelbare Weise über den durch veränderte Fakten und/oder durch andere Interpretation von Fakten veranlaßten Überzeugungswandel ein sittliches Normbewußtsein legitim von der Faktizität beeinflußt wird.
Er soll den traditionellen moralphilosophischen und -theologischen Grundsatz sowohl auf traditionelle als auf moderne Morallehren anwenden können, daß eine sittliche Norm nur dort verpflichten kann, wo sie ‚possibilis' (erfüllbar) ist, d. h. aber, daß deren Geltung auch von psychischen und sozialen Gegebenheiten abhängig ist.
Er soll das sittliche Normbewußtsein als ein wechselseitiges Implikationsverhältnis von unbedingtem und unbeliebigem Sollen einerseits und von bedingten Fakten verstehen, das weder unverändert bleibt noch in das subjektive Belieben gestellt ist, dessen exakte Formulierung z. Zt. nicht gelingt.[4]

Anmerkungen

[1] *Literatur zu 2.1*

Beschreibungen von ‚Ethik', ‚Ethos', ‚Moral', ‚Gesellschaft', ‚Sittlichkeit' u. ä. z. B. aus: Handbuch philosophischer Grundbegriffe, hrsg. v. H. Krings, H. M. Baumgartner, Chr. Wild, München 1974. Wörterbuch christlicher Ethik, hrsg. v. B. Stoeckle, Freiburg 1975.
H.-H. Schrey, Einführung in die Ethik, Darmstadt 1972, 119 bis 152;
Wichtiges Standardwerk: *M. Ossowska*, Gesellschaft und Moral. Die historische Bedingtheit sittlicher Grundhaltungen, Düsseldorf 1972 (mit einschlägigen Untersuchungsergebnissen);
Max Webers religionssoziologische Schriften;
Karl Marx, Deutsche Ideologie (Die Frühschriften, hrsg. von S. Landshut, Stuttgart 1971, 348ff., 361f.);

Das offizielle Lehrbuch der KPSU und SED: Grundlagen des Marxismus-Leninismus, Berlin 1960, 805–826;
Moral und Gesellschaft. Mit Beiträgen von Kosik, Sartre, Luporini, Garaudy, Markovic, Schaff, Frankfurt 1968;
K. Baier, Der Standpunkt der Moral. Eine rationale Grundlegung der Ethik, Düsseldorf 1974, 218–240;
Ausgewählte Stellen von Camus und Sartre über die Erfolglosigkeit persönlichen Moralverhaltens;
Die bekannten sexualethischen Untersuchungen von Kinsey, Schelsky, Giese, Schmidt, Schofield, Masters, Christensen (z. T. in rororo Sexologie), bes. *St. Pfürtner,* Kirche und Sexualität, Reinbek 1972; *J. van Ussel,* Sexualunterdrückung, Geschichte der Sexualfeindschaft, Reinbek 1970.

[2] *Literatur zu 2.2*

Zur Wissenschaftstheorie:
E. Ströcker, Einführung in die Wissenschaftstheorie, Darmstadt 1973;
H. Seiffert, Einführung in die Wissenschaftstheorie (Becksche Schwarze Reihe, Bd. 60 und 61), München 1970.
Die neopositivistische Richtung:
z. B. die Arbeiten von *E. Topitsch* (z. B. in: Logik der Sozialwissenschaften, Köln-Berlin 1965),
R. Popper (Logik der Forschung, Tübingen[4] 1971), *H. Albert* (Traktat über kritische Vernunft, Tübingen[2] 1969, bes. 55–103), die Gegenposition von *J. Habermas* (bes. Erkenntnis und Interesse, Frankfurt 1968, bes. 21f., 221f., 241ff.).
Die hermeneutische Richtung:
bes. *H. G. Gadamer,* Wahrheit und Methode, Tübingen[2] 1965.
Zur empirischen Sozialforschung:
Hier besonders die Probleme der Repräsentanz, Reliabilität, Validität, Objektivität.
W. Mangold, Empirische Sozialforschung, Grundlagen und Methoden, Heidelberg 1972. Oder:
H. M. Walker, Statistische Methoden für Psychologen und Pädagogen, Weinheim 1964.

Kritik an der Überbewertung der Empirie im pädagogischen Raum z. B. bei *H. Rumpf*, Scheinklarheiten, Braunschweig 1972, 237–317; Auseinandersetzung bei *H.-D. Feil*, Erziehungswissenschaft zwischen Empirie und Normativität (Urban Taschenbuch 862), Stuttgart 1974.

[3] *Literatur zu 2.3*

Zur Gruppenpsychologie eignet sich besonders: *W. R. Bion*, Erfahrungen in Gruppen und andere Schriften, Stuttgart 1971.
Standardwerk über Soziologie der Gruppe das gleichnamige Werk von *Th. M. Mills*, München ²1970.
Klärung soziologischer Begriffe wie ‚Rolle', ‚Anpassung', ‚Sozialisation' und tiefenpsychologischer wie ‚Identifikation' und lernpsychologischer wie ‚Imitation' und anderen, z. B. in: Grundbegriffe der pädagogischen Fachsprache, hrsg. v. U. G. Ipfling, München 1974.
Die Freudsche Auffassung von der seelischen Überforderung des Menschen durch die christliche Nächstenliebe.
H. Schelsky, Soziologie der Sexualität, Beziehungen zwischen Geschlecht, Moral und Gesellschaft, Reinbek ¹⁷1967.
Aus psychoanalytischer Sicht: *T. Brocher*, Psychosexuelle Grundlagen der Entwicklung. Informationen für Lehrer und Eltern, Opladen 1971.
Die Auseinandersetzung zwischen psychoanalytischen und anderen tiefenpsychologischen Auffassungen vom Menschen und philos.-pädag. Anthropologie bei *K. Dienelt*, Pädagogische Anthropologie, München 1970, 47ff., 74ff., 82ff., 113–153.

[4] *Literatur zu 2.4*

Zur Nichtidentität von Sein und Sollen, Fakten und Werten ist sowohl Kant (Grundlegung zur Metaphysik der Sitten) als auch die Wertphilosophie heranzuziehen, z. B. *H. Reiner*, Gut und Böse, Freiburg 1965; *ders.*, Die Grundlagen der Sittlichkeit, Meisenheim 1974; auch *K. Jaspers*, Kleine Schule des philos. Denkens, München 1965, 17ff., 27, 85–97, 107f.

Vergleiche auch die neueren Auseinandersetzungen über die analytische Ethik und Metaethik, (z. B. *F. Kaulbach*, Ethik und Metaethik, Darmstadt 1974, bes. 68–78 über den „naturalistischen Fehlschluß". Dort weitere Literatur, z. B. K. Baier, W. Franken, R. M. Hare, P. Lorenzen). Das wichtigste neuere Werk zu der hier behandelten Problematik: *W. Korff*, Norm und Sittlichkeit. Untersuchungen zur Logik der normativen Vernunft, Mainz 1973, bes. 76–110 u. 131–143. – Meine eigene Position kurz dargestellt:

Sittliche Ziele und Normen, in: rhs = Religionsunterricht an höheren Schulen 17 (1974) 166–176. Dort weitere Literaturhinweise und Sachangaben.

NB: Arbeitsmaterialien finden sich in folgenden Schulbüchern: Philosophisches Forum, Texte für den Unterricht an Gymnasien. Heft 1: *A. Läpple*, Grundfragen der philos. Ethik, München 1973;

Texte zum Ethikunterricht, *A. Rölz*, Grundfragen philosophischer Ethik, Donauwörth 1973;

Theologisches Forum. Verantwortliche Sexualität, v. *K. Breuning* u. a., Düsseldorf 1971.

NB: Die Lernziele sind in diesem Stadium der Arbeit nur vorläufig und tendenziell, aber noch nicht gemäß den Forderungen von Curriculumkonstruktion operationalisierbar (wobei es fraglich ist, ob überhaupt dies immer möglich ist) beschrieben.

Bernhard Mattes

Geschlechtserziehung und Moraltheologie

1. Begründungszusammenhänge

1.1 Die Situation der Wissenschaft

1.1.1 Die Situation der Moraltheologie (der theologischen Ethik) ist heute stark geprägt vom Übergang von einer fast ausschließlich normativen Funktion zu einer mehr weisenden, helfenden, ‚pädagogischen' Aufgabe.
Rechtliches und kasuistisches Denken, das – mit Ausnahmen – über Jahrhunderte in der Moraltheologie vorherrschend war, beschränkte sich weitgehend darauf, Normen deduktiv abzuleiten und sie in Form rechtlicher Forderungen vorzulegen. Die Situation des einzelnen Menschen wurde wenig berücksichtigt. Das kasuistische Vorgehen war zwar zunächst ein Versuch, der jeweiligen Situation in etwa Rechnung zu tragen, verfehlte aber vielfach dieses Ziel durch Verallgemeinerung (vergleichbar den Grundsatzurteilen) und rechtliches Denken. Der stark rechtliche Einschlag dieser Wissenschaft war zu einem Teil ein Erbe des römischen wie des germanischen Denkens. Er wurde noch verstärkt durch Betonung des Naturrechtsdenkens (natürliches Sittengesetz), das weitgehend statisch gesehen und deduktiv gehandhabt wurde.
Die Unbeweglichkeit in der Moraltheologie der letzten Jahrhunderte war teilweise auch die Folge der Tatsache, daß die Kirche im allgemeinen und die Moraltheologie im besonderen oft dazu beitrugen, die bestehenden gesellschaftlichen Vorstellungen und Verhältnisse ethisch zu festigen und zu stützen (Die geringe Anpassungsfähigkeit, die der Moraltheologie vielfach vorgeworfen wird, gerade im Bereich der Sexualethik, ist zu einem Teil die Folge einer früheren Überanpassung!).
Heute bewegt sich die Moraltheologie wohl mehr denn je zwischen der Skylla einer abwehrenden, starren Gesetzesethik und

der Charybdis einer reinen Situationsethik. Die stärkere Hinwendung zu einer an Werten als Zielen orientierten Ethik ermöglicht mehr das Hinterfragen der überkommenen Normen, ob diese dem Ziel dienen und dem Menschen helfen, die hinter den konkreten Normen stehenden Werte zu sehen und auf sie zuzugehen. Die christliche Ethik wird dadurch weniger normorientiert und mehr zielorientiert. Sie könnte so weniger Sünden- und Verbotsethik sein und mehr die positiven Weisungen und Ziele aufzeigen.

1.1.2 Die Moraltheologie ist eine theologische Disziplin. Durch ihre notwendige Verflechtung mit den anderen theologischen Disziplinen ist sie zusätzlich in Bewegung geraten. Im besonderen hat die Entwicklung innerhalb der Exegese (historisch-kritische Methode) neue Möglichkeiten eröffnet, aber auch die Unsicherheit in der Moraltheologie vergrößert. Positiv an dieser Entwicklung ist, daß die Moraltheologie nicht mehr so unbesehen konkrete ethische Forderungen, Weisungen und Verbote des Alten und auch des Neuen Testaments übernehmen und als Forderungen an den heutigen Menschen stellen kann, sondern mehr fragen muß, was daran zeit- und situationsgebunden ist und was als bleibender Inhalt angesehen werden kann und muß (etwa: Was ist unter der im Neuen Testament eindeutig verurteilten Unzucht [‚Porneia', vgl. 1 Kor 6,9.18; Eph 5,3f.] exakt zu verstehen?). Anderseits kann eine zu große Pluralität der Meinungen und Aussagen innerhalb der Exegese (und der anderen theologischen Disziplinen) auf die Moraltheologie lähmend wirken.

1.1.3 Die Moraltheologie kann sich heute weniger denn je allein auf theologische Quellen und Überlegungen stützen. Sie ist vielfach auf Erkenntnisse und Aussagen der Humanwissenschaften angewiesen. Der Ethiker kann, wenn er die Situation des heutigen Menschen berücksichtigen will, die dazu notwendigen Vorarbeiten auf keinen Fall selbst leisten, wenn er sich nicht den Vorwurf einer unsauberen und unwissenschaftlichen Arbeit einhandeln will. Er braucht dafür Erkenntnisse und gesicherte Aussagen der verschiedenen sozialen und anthropologischen Wissenschaften. Solche gesicherten Aussagen sind aber, gerade auf dem Bereich der menschlichen Geschlechtlichkeit, gegenüber

den mangelhaft belegten, hypothetisch vorgetragenen, sehr unterschiedlichen und zum Teil widersprüchlichen Behauptungen in der Minderzahl. Sie geben deshalb vielfach keine genügend solide Grundlage für moraltheologische Stellungnahmen ab.
Das Verwiesen- und Abhängigsein der Moraltheologie von den Humanwissenschaften bewirkt außerdem fast notgedrungen ein gewisses Nachhinken hinter diesen Wissenschaften.
Trotz solcher Schwierigkeiten muß deutlich gesagt werden, daß das Gespräch und der Austausch zwischen der Moraltheologie und den Humanwissenschaften nicht nur notwendig sind, sondern für die Moraltheologie große Chancen eröffnen.
1.1.4 Die Erwartungen, Anfragen und Forderungen an die Moraltheologie sind sehr unterschiedlich: Die einen, unter ihnen viele Ältere, rufen nach festen Normen und nach einem lückenlosen Kodex von Bestimmungen und Handlungsanweisungen. Sie suchen Sicherheit. Mag in vielen Fällen der Grund dafür Unselbständigkeit oder auch geistige Unreife sein, die mehr oder weniger selbst verschuldet sein kann, auf jeden Fall ist eine relativ große Zahl von Menschen nicht in der Lage, aus allgemeinen Zielen, Werten und Prinzipien konkrete Maßstäbe und Forderungen für ihr konkretes Handeln zu finden.
Es ist zuzugeben, daß die Erziehung (auch von seiten der Kirche) maßgeblich dazu beigetragen hat, daß viele Menschen über ihre Unselbständigkeit im ethischen Bereich nie hinausgekommen sind. Die christliche Ethik darf von solchen Menschen an sie gestellte Erwartungen nicht einfach erfüllen; sie würde dadurch die Unselbständigkeit noch verstärken. Aber die Frage sei doch erlaubt, ob je der größere Teil der Menschen zu einer solchen geistigen und sittlichen Reife und Selbständigkeit zu gelangen vermag, daß die Ethik auf konkrete Anweisungen und auch auf Verbote weitgehend verzichten kann (das banale Beispiel des Verhaltens im Straßenverkehr mag die Berechtigung dieser Frage bestärken). Es ist nicht zu verantworten, solche Menschen in ihrer ethischen Unsicherheit allein zu lassen.
Natürlich bestand und besteht die Gefahr, daß die Kirche als ganze oder einzelne Amtsträger diese Hilflosigkeit oder Unreife zu einer nicht zu rechtfertigenden Kontrolle mißbrauchen.

Andere erwarten oder fordern von der Moraltheologie, daß diese ihre liberalen Einstellungen sanktioniere und damit wieder normativ bestätige. Die dahinter stehende Haltung ist vielfach die gleiche wie bei der oben beschriebenen Gruppe, lediglich das Vorzeichen ist geändert.
Wieder andere sprechen einer christlichen Ethik (zumindest insofern sie kirchliche Ethik ist) jede Kompetenz in Sachen sittlichen Verhaltens ab, vor allem im Bereich des sexuellen Verhaltens. Oder aber man fordert eine christliche Ethik, die ganz allgemein gehalten und bar jeder Verbindlichkeit ist. Moraltheologie wird aber auf Verbindlichkeit ihrer Aussagen nicht verzichten können, wenn auch deutlich werden muß, daß Verbindlichkeit sich nicht mit einem lückenlosen Katalog fertiger und starrer Normen deckt. Auf keinen Fall kann ein Bereich menschlichen und damit auch sittlichen Verhaltens wie der der Geschlechtlichkeit aus einer Ethik ausgeklammert werden.[1]
1.1.5 Der einzelne Moraltheologe und die Moraltheologie insgesamt sind nicht Privatgelehrter und Privatlehre (wie etwa ein Psychologe oder Soziologe sich verstehen kann), sondern sie stehen im Dienst und in der Verpflichtung der kirchlichen Gemeinschaft (in der katholischen Kirche zweifellos ausgeprägter als in der evangelischen). Der einzelne Theologe ist zwar immer seinem Gewissen und seiner Erkenntnis verpflichtet, aber er kann seine Auffassungen und Erkenntnisse nicht ohne Rücksicht auf die gesamte kirchliche Situation und vor allem auf die pastoralen Auswirkungen vortragen. In der Auseinandersetzung mit mehr oder weniger verbindlichen Aussagen des kirchlichen Lehramtes, dem ohne Zweifel auch in ethischen Fragen eine freilich schwer abzugrenzende Kompetenz zukommt und das die Verheißung des Heiligen Geistes hat, hat sowohl der einzelne Theologe als auch jeder andere Gläubige das Recht und die Pflicht, seiner eigenen wohlbegründeten Überzeugung und seinem reifen Gewissensurteil zu folgen.[2] Das erfordert eine be-

1 Vgl. *F. Böckle,* Kirche und Sexualität: Concilium 10 (1974) 766.
2 Vgl. das „Wort der deutschen Bischöfe zur seelsorglichen Lage nach dem Erscheinen der Enzyklika Humanae vitae“ vom 30. August 1968.

hutsame und kritische Auseinandersetzung mit solchen Aussagen. Dabei sollte der einzelne seine eigenen Ansichten und Erkenntnisse mindestens genauso kritisch prüfen wie solche lehramtlichen Äußerungen.

1.1.6 Wie alle theologischen Wissenschaften ist die Moraltheologie auf die Tradition der Kirche verwiesen und ihr verpflichtet. Der Moraltheologe baut auf dem Zeugnis, den Erfahrungen und Erkenntnissen früherer christlicher Generationen auf und versucht, die durchgängigen Anliegen und Ziele gelebter christlicher Ethik in je neuen Situationen aufzunehmen und weiterzuführen. In dieser Tradition spielen die authentischen Auslegungen des Lehramtes auf seinen verschiedenen Ebenen und auch die Aussagen und das Leben herausragender Christen eine entscheidende Rolle. Zu ihr gehört aber genauso die gelebte Überzeugung, das authentische Lebenszeugnis der Christen, das sich wiederum an den durchgehaltenen Zielen und an den Abgrenzungen der Kirche orientiert. Zu einer recht verstandenen Orientierung an der Tradition gehört notwendig der Wille zur Weiterentwicklung und zum Weitersuchen, denn Tradition bedeutet nicht starres Stehenbleiben, sondern Fortschritt in Erkenntnis und praktischem Leben.

1.1.7 Aus all dem ergibt sich heute eine große Vielfalt von Meinungen und Standpunkten, auch sich widersprechender Aussagen und Einstellungen innerhalb der Moraltheologie. Dies gilt besonders für die Sexualethik. Eine gewisse Pluralität hat zweifellos positive Seiten. Sie kann ein Anstoß sein zu größerer Selbständigkeit und Selbstverantwortung im Urteil und im Handeln und sie preßt den einzelnen weniger in ein Prokrustesbett einer völlig einheitlichen Meinung, die dem Menschen nicht gerecht wird. Aber zu große Divergenzen in ethischen Anschauungen führen zu einer unerträglichen Unsicherheit und enthalten auch die Gefahr der Unsachlichkeit, Radikalisierung und gegenseitiger Verketzerung.

1.2 Die Situation des Schülers

Für diesen Punkt darf verwiesen werden auf die entsprechenden allgemeinen Aussagen der übrigen Beiträge vor allem von H. J.

Türk und H. Böhringer – E. Schröder. Einige besondere Überlegungen zur Stellung und Einstellung des Schülers gegenüber der Kirche und ethischen Aussagen der Kirche seien angeführt.

1.2.1 Der Jugendliche erlebt in der Phase seiner Skepsis gegen jede Autorität und seiner Auflehnung gegen sie die Kirche vielfach als besonders autoritäre Institution, die ihn in seinem Drang nach Freiheit beengen will. Er stößt sich daran, daß die Kirche sich nicht hinterfragen läßt. Teilweise spürt er, daß hinter der Kirche und ihrem Tun tatsächlich eine Wirklichkeit steht, die rational nicht vollständig ergründet und analysiert werden kann. Dem vermag er einerseits einen gewissen Respekt nicht zu versagen; anderseits stößt er sich daran. Insgesamt ist die positive Erwartungshaltung gegenüber der Kirche gering.

1.2.2 Vor allem im Bereich der Sexualethik erscheint die Kirche dem Jugendlichen besonders autoritär. Vielfach erfährt er die Kirche in diesem Bereich nur warnend, verbietend und negativ. Verbote und starre Normen überwiegen (zumindest in seinen Augen) gegenüber positiven Hilfen, Weisungen und Ermutigungen zu offener Auseinandersetzung mit kirchlichen und gesellschaftlichen Normen und zu eigener Verantwortung. Er möchte aus eigener Erfahrung lernen, nicht nur aus der Erfahrung Älterer und der vergangenen Generationen. Der junge Mensch erlebt seine sexuellen Kräfte und Möglichkeiten heute vorwiegend positiv,[3] während er von kirchlicher Seite zu diesem Thema mehr Warnendes zu hören bekommt.

1.2.3 Entscheidend für den Jugendlichen ist, in welchen konkreten Vertretern, Gruppen und Einrichtungen die Kirche ihm begegnet und wie diese sich mit dem Jugendlichen und seinen Fragen zur Geschlechtlichkeit auseinandersetzen. Wenn der junge Mensch mit dem Seelsorger offen diese Fragen besprechen kann; wenn dieser sich nicht hinter fertigen und starren Normen verschanzt und nur Warnungen, Verbote und Verdikte ausspricht, sondern offen und sachlich seinen Standpunkt vertritt, ohne ihn dem Gesprächspartner einfach aufzwingen zu wollen; wenn er

[3] Eine gewisse Ambivalenz der Erfahrung ist aber auch heute nicht zu leugnen, vor allem bei Mädchen, vgl. Die Zeit, Nr. 30 (18. 7. 1975) 37.

dem Jugendlichen pädagogisch hilft, gerade auch vom Glauben her den Sinn und das Ziel der menschlichen Geschlechtlichkeit zu erkennen und Wege zu humaner Verwirklichung zu finden; wenn er dem Jugendlichen dessen eigene Verantwortung beläßt und ihm diese aufzeigt, ihn darin aber nicht allein läßt, sondern ihn verstehend und helfend begleitet, dann hat die Kirche die Chance, jene Lücke auszufüllen, die im Leben des Jugendlichen dadurch besteht, daß Eltern und andere Erwachsene oft nicht in der Lage sind, für die Heranwachsenden ein entsprechender Gesprächspartner in diesen Fragen zu sein. Hier liegt zweifellos eine der großen Chancen für die kirchliche Jugendarbeit und in etwa auch für den schulischen Religionsunterricht.
Diese Art der Auseinandersetzung mit den Jugendlichen und ihren Problemen bedeutet in keiner Weise den Übergang zu einem unverantwortlichen Laissez-faire-Stil, der dem Jugendlichen nichts hilft und ihn nur abstößt, und der im Grunde nichts anderes ist als das hilflos-autoritäre Sichverschanzen hinter Gesetzen. Zumindest an der Kirche interessierte Jugendliche erwarten von dieser Leitlinien und Ratschläge, aber weniger starre Gesetze.[4]

1.2.4 Eine besondere Möglichkeit und Aufgabe für die kirchliche Jugendarbeit ergibt sich aus der Tatsache, daß die Jugendlichen sich heute einerseits früher vom Elternhaus loslösen und anderseits verstärkt den Kontakt mit Gleichaltrigen suchen. Frühe sexuelle Bindungen werden vielfach nicht um ihrer selbst willen angestrebt, sondern als Ersatz für fehlende familiäre und andere Bindungen, sind also zumindest teilweise eine Flucht aus der persönlichen Einsamkeit. Der Kontakt mit Gleichaltrigen in einem gewissen Freiraum unter Leitung – nicht Kontrolle – kirchlicher Einrichtungen, ungezwungene Begegnung und Zusammenarbeit mit Andersgeschlechtlichen, soziales Engagement und Einüben der Eigenverantwortung in einer Gruppe könnten eine wirksame Hilfe sein, die die Kirche dem jungen Menschen

[4] *T. Brocher*, Psychosexuelle Grundlagen der Entwicklung, Opladen 1971, 54–77, und *H. Bauer*, Geschlechtserziehung und Gesellschaft, Neuwied–Berlin 1972, passim.

bei der Bewältigung seiner Fragen und Probleme der Pubertätszeit und des Heranwachsens und beim Finden des Lebenssinns und Lebensziels zu geben vermag.

1.3 Anthropologisches Verständnis (Bedeutung für das Weltverständnis)

1.3.1 Die Frage, ob die christliche Botschaft ein materialethisches Proprium bringe, ist in der Diskussion und nicht ohne weiteres zu entscheiden. Diese Frage scheint auch nicht so erheblich, wie manchmal getan wird. Das eigentliche Proprium des Christlichen besteht zweifellos in der Erschließung eines neuen Sinnhorizonts für das sittliche Verhalten und die menschliche Existenz überhaupt. Daraus kann der Glaubende eine neue, tiefgreifende Motivation für sein sittliches Verhalten gewinnen. Für ihn ist sittlich gutes Verhalten in allen Bereichen seines Lebens dankbare Antwort auf die in Jesus Christus geschenkte Liebe, Ausdruck der Nachfolge Jesu, Bewährung seines Glaubens und seiner Liebe und Zeichen des Anbruchs und der Gegenwart des Reiches Gottes.
Gerade der Sinngehalt menschlicher Geschlechtlichkeit erschließt sich dem Christen neu und in ungeahnter Tiefe: Menschliche Geschlechtlichkeit findet zu ihrem eigentlichen Sinn nur in der Liebe, zunächst in der hingebenden Liebe an den Partner, über diesen hinaus aber zu allen Menschen. Liebe als Sinnmitte menschlicher Geschlechtlichkeit verweist den Menschen auf den Gott, der Liebe ist und der in der personhaften Offenbarung seiner Liebe, in der Menschwerdung, dem Menschen diese Dimension erschlossen und ihn berufen hat, ihm in diese Tiefe menschlicher Erfüllung zu folgen. Diese Erfüllung menschlicher Existenz und menschlicher Geschlechtlichkeit ist nach der Botschaft und dem Beispiel Jesu möglich sowohl in ehelicher Liebe als auch in freigewählter Ehelosigkeit um des Reiches Gottes willen.
1.3.2 Eine veränderte Situation bedeutet für die christliche Ethik Anstoß zum Weiterdenken und zu Weiterentwicklung. Allein schon die grundlegende christliche Wirklichkeit der Inkarnation erfordert dies, und deshalb würde sie ohne den ernst-

haften Willen zu ständiger Entwicklung ihren Ursprung, ihre Tradition verraten. Die Botschaft Jesu zielt mehr auf Weiterentwicklung als auf Beharrung und müßte auf das sittliche Bewußtsein und die Verantwortung stimulierend wirken.

Die Frage ist aber, wie weit diese Anpassung gehen muß und darf. In der Sexualethik hat eine Anpassung häufiger und intensiver stattgefunden, als gemeinhin angenommen wird, angefangen von der Beeinflussung durch stoisches Gedankengut, die Übernahme ethischer Implikationen des Manichäismus bis hin zur Beeinflussung durch die Prüderie des Bürgertums im 18./19. Jahrhundert. In der Vergangenheit dürfte – aus unserer Sicht – das Hauptproblem darin bestanden haben, daß sich die christliche Sexualmoral eher zuviel als zuwenig angepaßt hat. Und ihre Unbeweglichkeit und ihr geringes Anpassungsvermögen sind zu einem Teil Folgen dieser Überanpassung in der Vergangenheit. Christliche Sexualethik muß den veränderten gesellschaftlichen, wirtschaftlichen, biologischen, psychischen Gegebenheiten und Kenntnissen Rechnung tragen. Dies kann nicht bedeuten, daß christliche Ethik allen ephemeren Zwischenergebnissen dieser Wissenschaften Rechnung tragen könnte, erst recht nicht, daß sie einigen modischen Trends folgt. Auch ist es nicht damit getan, daß einzelne konkrete ethische Normen geändert werden. Das Entscheidende an dieser Aufgabe dürfte sein, dem Menschen in einer veränderten Situation mit neuen Leitlinien und Weisungen den Sinn und das Ziel menschlicher Geschlechtlichkeit und damit auch menschlicher Existenz aufzuweisen.

Das kann die Ethik nicht ohne gleichzeitige kritische Distanz. Ihre kritische Funktion kann die Kirche nur erfüllen, wenn sie die verschiedenen sexualethischen Auffassungen und Tendenzen nach ihren verborgenen Absichten und Hintergründen durchleuchtet und ideologiekritisch aufdeckt. Anderseits muß sie genau so kritisch ihre traditionellen Normen und deren Hintergründe, die auch nicht immer interesselos und ideologiefrei sind, durchleuchten und Fehler, die von ihr gemacht wurden, offen eingestehen. Diese kritische Funktion kann die theologische Ethik nicht im Alleingang leisten, sondern im Dialog mit den anderen Humanwissenschaften.

1.3.3 In unserer bewegten, dynamischen Gesellschaft bedarf innerhalb des moraltheologischen Denkens vor allem das Reden vom natürlichen Sittengesetz und Naturrecht dringend einer Klärung bzw. einer Weiterentwicklung. Die Natur, von der hier die Rede ist, ist nicht eine über dem Menschen schwebende, unbewegliche Größe, die dem Menschen als etwas ihm Fremdes übergestülpt wird, sondern es ist die Rede von der Natur des Menschen. Zu dieser gehören notwendig Weiterentwicklung und Fortschritt in Erkenntnis und Lebensbewältigung, auch für den Bereich der Geschlechtlichkeit (etwa Methoden der Empfängnisregelung; Verständnis hormoneller Einflüsse und vieles andere mehr).

Die Grenzen, die dieser Weiterentwicklung und der Manipulation von der Natur des Menschen gesetzt sind, ergeben sich primär aus den Forderungen nach einer wirklich humanen Gestaltung des menschlichen Lebens und des Zusammenlebens (etwa: Ablehnung der Promiskuität, der Abtreibung). Ist die Moraltheologie nicht in der Lage, ihren tradierten statischen Natur- und Naturrechtsbegriff zu revidieren, wird sie mit den modernen Wissenschaften nicht im Gespräch bleiben oder wieder ins Gespräch kommen und ihren Beitrag zur humanen Gestaltung des menschlichen Lebens weitgehend nicht mehr leisten können.

1.3.4 Ein besonderes Anliegen der christlichen Ethik sollte es sein, dem Menschen zu helfen, ein neues Verhältnis zu den Normen zu finden. Es ist dem Menschen wohl wenig geholfen, wenn bisherige Normen durch neue ähnlicher Struktur ersetzt werden. So würde es etwa keinen Fortschritt im sittlichen Bewußtsein des Menschen erbringen, wenn man die bisherige Norm ‚Vorehelicher Sexualverkehr ist nicht erlaubt' einfach ersetzen würde durch ‚Vorehelicher Sexualverkehr ist erlaubt'. Beide Normen stehen auf der gleichen Ebene, lediglich die Vorzeichen sind verschieden. Es würden wiederum alle – ohne Rücksicht auf ihre Situation – über den gleichen Kamm geschoren. Eine solche neue ‚Norm' würde völlig einschläfern und nichts beitragen zur Weckung des sittlichen Bewußtseins, zur Förderung der persönlichen Verantwortung und sicher auch nicht zur Huma-

nisierung des sexuellen Verhaltens. Dies aber wäre Ziel neu aufzubauender Einstellungen und Normen.[5]
Zu einer solchen neuen Einstellung gegenüber Normen müßte auch gehören, daß die positive Funktion von Abgrenzungen und warnenden Hinweisen (wie sie in den Sündenkatalogen des Neuen Testaments, etwa Röm 1,28–31; 1 Kor 6,9f.; Eph 5,5 aufscheinen) anerkannt wird. Sie bieten Kriterien für die Unterscheidung zwischen wahrer Liebe und Trugbildern der Liebe.

2. *Lernziele und Lerninhalte (für den Lehrer)*

2.1 Der Lehrer soll erkennen und verstehen, aus welchen hauptsächlichen Quellen und Erkenntnissen die Moraltheologie ihre Erkenntnisse und Aussagen zum Verständnis der menschlichen Geschlechtlichkeit und zum menschlichen Verhalten auf diesem Gebiet bezieht.
2.1.1 Heilige Schrift und Tradition geben die entscheidenden Grundhaltungen, Einstellungen und Ziele des christlichen Verhaltens und Handelns an und bieten wichtige Motivationen für eine humane und sittliche Bewältigung menschlicher Sexualität. Die dort zu findenden positiven und negativen konkreten Normen müssen daraufhin untersucht werden, was an ihnen zeit- und situationsbedingte Einkleidung, was unaufgebbarer Inhalt der christlichen Botschaft ist (vgl. oben 1.1.2, 1.1.6, 1.3.1).
2.1.2 Die Moraltheologie ist in ihren Erkenntnissen und Aussagen vielfach mit den Erkenntnissen und Aussagen der Humanwissenschaften verflochten und baut zum Teil auf diesen auf; sie richtet sich nach Fakten, aber ihre Bewertung ist nicht aus den Fakten schlüssig zu erweisen. Die Aussagen der Moraltheologie sind also nicht einfach die Konsequenz aus der Summe der Erkenntnisse der Humanwissenschaften. Wer von einer positivistischen und materialistischen Gesamtauffassung vom Menschen ausgeht, wird aus den gleichen Aussagen der Soziologie, Biologie, Psychologie usw. ganz andere Konsequenzen und Wei-

[5] Zum ganzen Abschnitt vgl. Concilium 11 (1975), Heft 6/7 „Die jungen Menschen und die Zukunft der Kirche".

sungen für das sexuelle Verhalten ziehen, als es die christliche Ethik aufgrund ihres Menschenbildes tut. Außerdem kann die christliche Ethik aufgrund einer tiefergehenden Motivation unter Umständen Forderungen an den Christen stellen, die einem, der rein immanent oder gar materialistisch motiviert ist, als unzumutbar erscheinen müssen.

2.2 Der Lehrer soll erkennen und verstehen, daß die Moraltheologie in ihrem Suchen und Begründen von Weisungen und Normen Wandlungen durchmacht, dabei aber ihrem Ziel einer dem christlichen Menschenbild entsprechenden humanen Sexualethik treu bleiben muß.

2.2.1 Auch die Moraltheologie ist auf dem Weg und auf der Suche. Dies bedeutet nicht ein Aufgeben der bisherigen Ziele, sondern die je geschichtliche Verwirklichung der durch Offenbarung, Tradition und menschliche Erkenntnis gegebenen Ziele auf den je angemessenen Wegen. Es geht nicht um pauschale Verurteilung oder Abwertung früherer Aussagen, sondern um Weiterentwicklung. Es zeugt von Unfähigkeit zu geschichtlichem (auch heilsgeschichtlichem) Denken, wenn frühere Aussagen und Weisungen der Ethik, die unseren Kenntnissen vom Menschen nicht mehr entsprechen, einfach als Irrtümer und Irrwege abgetan werden. Von der gleichen Unfähigkeit zeugen aber auch jene Haltungen, die daran hindern, neue Erkenntnisse aufzunehmen und in ethische Weisungen und Forderungen umzusetzen.

2.2.2 Auch das ‚natürliche Sittengesetz'[6] ist aufgrund eines dynamischen Natur- und Naturrechtsbegriffs von einer gewissen Weiterentwicklung nicht auszunehmen (siehe oben 1.3.3). Erkenntnisfortschritt ist auch auf diesem Gebiet möglich und dem Menschen aufgegeben.

2.2.3 Zu den in unserer Zeit notwendigsten Wandlungen im mo-

6 Natürliches Sittengesetz meint das dem Menschen mit seiner vernünftigen, gottebenbildlichen Natur mitgegebene Gesetz der Freiheit, das aus dem Sein des Menschen und der Welt erkennbare Gesetz des freien Handelns (*B. Häring*, Das Gesetz Christi, München–Freiburg [8]1967, I, 270f.).

raltheologischen Denken gehört, daß vor allem den jungen Menschen mehr die positiven Werte und Ziele der menschlichen Geschlechtlichkeit aufgezeigt werden und daß der Hauptakzent in der sittlichen Unterweisung nicht auf den Einzelnormen (vor allem den negativen) ruht.

2.2.4 Eine mehr an Zielen, Werten und Einstellungen und weniger an einem lückenlosen, starren und objektiven Gebots- (oder Verbots-)katalog orientierte Ethik erfordert von allen Beteiligten größere Verantwortung, Ernsthaftigkeit, Mobilität und Kreativität und darf nicht einfach als laxistisches Zugeständnis abgewertet werden. Überhaupt wird die Weckung und Förderung der persönlichen Verantwortung ein Hauptziel der Ethik und der Geschlechtserziehung sein müssen.

2.3 Der Lehrer soll erkennen und verstehen, daß nach dem christlichen Verständnis vom Menschen die Liebe die eigentliche Sinnmitte der menschlichen Existenz und damit auch der menschlichen Geschlechtlichkeit ist und die höchste Motivation für verantwortliches sexuelles Verhalten bedeutet.

2.3.1 Mitte der Botschaft Jesu ist die fundamentale Wahrheit, daß die Liebe der Urgrund und die Sinnmitte aller Wirklichkeit, besonders der menschlichen Existenz ist. Von Gott, der die Liebe ist, strömt sie aus, erschafft im schöpferischen Wort der Liebe alles (vgl. Joh 1) und wird im geliebten Sohn leibhaft offenbar. Durch den Geist, der uns gegeben ist (vgl. Röm 5,5), haben auch wir an dieser Agape teil und werden fähig, in Liebe Gott Antwort zu geben und sie in christlicher Brüderlichkeit auf alle Menschen auszuweiten (vgl. 1 Joh 4,7–16; 19–21). In dieser von Gott ausgehenden Hinwendung zu Gott und den Mitmenschen erfüllt nach dem Ausweis des Lebens und der Botschaft Jesu der Mensch seine Existenz und nimmt teil an der Sinnhaftigkeit des liebenden Gottes.

2.3.2 Die Geschlechtlichkeit, die konstitutiv zum Menschsein in Mitmenschlichkeit gehört,[7] ist eine Grundbefindlichkeit des

[7] Vgl. *R. Bleistein,* Sexualität und christlicher Glaube, in: Appelt–Bleistein–Boeckh, Sexualpädagogik. Handreichungen aus der Sicht der Biologie, Theologie und Soziologie, München 1969, 70.

Menschen, durch die er die Liebe verwirklicht. In ihr erfährt er in besonderer Weise das Verwiesensein auf den Partner, um ganz zu sich selbst zu kommen: „Die zwei werden ein Fleisch sein" (Gen 2,14– Das meint die volle Lebens- und Schicksalsgemeinschaft, die in der Ehe übernommen wird). Sowohl die beglückende Erfahrung der Partnerschaft als auch die Endlichkeit und Unvollkommenheit dieser Partnerschaft drängen den Menschen, sich in Liebe immer wieder selbst zu überschreiten hin auf den absoluten Partner, Gott.

2.3.3 Diese Liebe, die sich an das Du hergibt und es so ‚erkennt' (Gen 4,1), drängt aus sich hinaus auf das gemeinsame Weggeben der beiden Partner an das in dieser Liebe gründende Kind. Fruchtbarkeit ist ein Konstitutivum geschlechtlicher Liebe (Liebe als Gabe und Aufgabe, im Doppelsinn dieses Wortes). Das darf aber nicht aktualistisch mißverstanden werden, als ob die Fruchtbarkeit nur im Zeugungsakt verwirklicht würde. Erziehung und verantwortliches Dasein für die Kinder gehören genauso dazu wie die Zeugung. Wohl aber ist gemeint, daß in der Ehe die Fruchtbarkeit nicht grundsätzlich und willkürlich ausgeschlossen werden darf.

2.3.4 Diese Liebe ist Mitte und Sinnziel des Personseins. Darum bedürfen die anderen Ebenen geschlechtlicher Zuneigung, ‚Sexus', ‚Eros', ‚Philia',[8] der Integration in diese Agape, wollen sie auf die Dauer human sein.

2.3.5 Nur in dieser selbstlosen Liebe oder wenigstens im Streben nach ihr ist wirkliche eheliche Partnerschaft möglich, die zugleich personale Freiheit gibt und diese auch dem Partner gewährt. Alle Geschlechtserziehung muß Erziehung zu solcher Partnerschaft in Freiheit sein, die personale Selbstverantwortung und voll verantwortliches Dasein für den Partner bedeutet. Dies bedeutet zugleich personale Reife, die höchste Voraussetzung für letzte personale Geschlechtsgemeinschaft ist.

[8] Was mit Sexus, Eros, Philia gemeint ist, kann man ausgedrückt finden in den Sätzen, mit denen *F. Leist* die Stufen der Reife zusammenfaßt: „Es drängt und zieht mich" – „Ich liebe dich, weil du schön bist" – „Ich liebe dich, weil du – du bist" (Liebe und Geschlecht, München 1963, 234).

Bei allem Bemühen, solcher Liebe näher zu kommen, darf der Christ überzeugt sein, daß diese zuerst unverdientes Geschenk ist, dann allerdings auch Aufgabe.

2.3.6 Daß diese personale Liebe vom Menschen nie im vollen Sinn erreicht wird, ist schmerzliche und zugleich tröstende Erfahrung des menschlichen Daseins; tröstend deshalb, weil echte Liebe vergibt und teilhat an der vergebenden Liebe Gottes. Solche Liebe, das eigentliche Zielgebot christlicher Ethik, kann nicht durch Verbote abgesichert und durch Gebote erzwungen werden. Wohl aber kann sie in ihrem Wachstum geschützt und gefördert werden durch positive und negative Weisungen und Kriterien, die zeigen, was im Namen der Liebe getan und was nicht getan werden kann. Von ihr gilt im Letzten: „Liebe ist mehr als Gebot."[9]

2.3.7 Solcher Liebe, auch wenn sie vom Menschen nur ansatzweise verwirklicht wird, widersprechen sowohl jede Form von ‚Partner'-wechsel, unverbindliche Geschlechtsgemeinschaft, jede Form von sexuellem Ausnützen eines anderen (in oder außerhalb der Ehe) wie auch das Verletzen der Gefühle des Partners oder das isolierte Suchen der Lust ohne Rücksicht auf den Partner. Diese Liebe, auch schon ihr Name, ist zu schützen gegen jede Banalisierung und Verwechslung mit bloßer Triebbefriedigung, aber auch gegen jede leibfeindliche Vergeistigung.

2.4 Der Lehrer soll erkennen und verstehen, daß die christliche Offenbarung neben der Aussage von der Liebe als Sinnmitte menschlicher Existenz weitere Aussagen über den Menschen, über das Verhältnis der Menschen untereinander und über das Verhältnis des Menschen zu Gott macht, die bedeutsam sind für die Deutung der Geschlechtlichkeit des Menschen und sein sexuelles Verhalten und die zu verantwortlichem Verhalten im sexuellen Bereich motivieren.

2.4.1 Geschöpflichkeit und Gottebenbildlichkeit des Menschen: Der Mensch hat keine absolute Verfügbarkeit über sich selbst und erst recht nicht über andere. In einer Welt, in der alles

[9] *B. Häring*, Liebe ist mehr als Gebot, Freiburg–München 1968.

machbar erscheint, sind ihm ethische Grenzen gesetzt. Sein ‚Machen' und Manipulieren haben Grenzen an der Würde der Person, seiner eigenen und der des anderen. Der Partner, der wie er gottebenbildliches Geschöpf ist, darf nicht zu seinem Werkzeug, Objekt oder gar Versuchskaninchen werden.

2.4.2 Freiheit des Menschen:

Normen jedweder Art müssen der Freiheit des Menschen dienen. Sie dürfen nie so überhand nehmen, daß für schöpferische Freiheit und schöpferische Treue kein Raum mehr bleibt, selbst auf die Gefahr hin, daß der Mensch diese Freiheit mißbraucht. Reife Freiheit steht über positiven Normen (Die Epikie[10] wurde in der christlichen Ethik immer unter den Tugenden geführt, auch wenn sie zeitweise totgeschwiegen wurde).

Der Mensch ist für sein Handeln verantwortlich, auch für seine grundlegenden Einstellungen, d. h. der Mensch ist nicht alleinige und letzte Instanz.[11]

Wenn Emanzipation wirkliche Befreiung zu Partnerschaft meint, verdient sie volle Unterstützung von seiten der Christen, denn in diesem Sinn ist sie eine Forderung der christlichen Botschaft. Wenn sie aber zu geschlechtlicher Freizügigkeit führt, ist sie ein Hindernis für echte Bindung, Partnerschaft und personale Liebe (mag sie vom Mann praktiziert oder von der Frau erstrebt werden).

2.4.3 Erlösungsbedürftigkeit und Erlösungsfähigkeit des Menschen:

Menschliche Sexualität, wenn sie wirklich menschlich bleiben will, reguliert sich nicht selbst. Sie ist nicht triebgesichert, sondern kulturbedürftig, d. h., sie braucht Schutz und Hilfe durch

10 *B. Häring* umschreibt Epikie folgendermaßen: „Die Tugend der Epikie läßt den Christen über den Gesetzesbuchstaben des notwendig unvollkommenen und oft allzu unzulänglichen Menschengesetzes hinausschauen nach dem eigentlichen sittlichen Sinn des Gesetzes, den ihm der lebendige Anschluß an Christus eröffnet" (Das Gesetz Christi, München–Freiburg [8]1967, I, 306).

11 Es läßt sich zumindest fragen, ob der Begriff ‚autonome Moral' (*A. Auer,* Autonome Moral und christlicher Glaube. Düsseldorf 1971) nicht mehr Mißverständnisse als Klärung bringt.

entsprechende Sinndeutung und Motivationen und durch Institutionen und Normen, aber auch Askese, Verzichtsfähigkeit und Schamgefühl, das nichts zu tun hat mit Prüderie, Leibverachtung oder falscher Tabuisierung, sondern es achtet und schützt den Geheimnischarakter des Menschen. Auch eine Kultivierung des Geschlechtslebens gehört hierher.

Der Mensch ist nicht dazu verurteilt, sich von der Sexualität beherrschen zu lassen. Aber er wird auch auf diesem Gebiet durch noch soviel Beherrschung, Willensanstrengung und Kultivierung sich nicht selbst erlösen können. Er ist verwiesen an das, was die christliche Botschaft Gnade und Vergebung nennt, verwiesen an den, der den auf halbem Weg Stehengebliebenen abholt und ans Ziel bringt.

2.4.4 Glaube an die Menschwerdung Gottes:

Dieser Glaube verbietet jede Form von Leibfeindlichkeit ebenso wie dualistische Tendenzen. Er erlaubt und fordert auf zu einer positiven, unbefangenen Sicht der Geschlechtlichkeit. „Was Gott angenommen hat, das hat er auch erlöst" (Augustinus). Dieser Glaube verbietet aber ebenso jede Form einer Vergötterung des Leibes und der Geschlechtlichkeit und erst recht alle Versuche, die Geschlechtlichkeit aus ihrer Sinnmitte, der personalen Liebe, herauszulösen.

2.4.5 Glaube an Tod und Auferstehung Jesu und an die Auferstehung des Menschen:

Hingabe zielt auf Endgültiges und schafft Bleibendes, und Bleibendes entsteht nur durch Hingabe, durch Sich-aufgeben. Menschliche Hingabe, auch in geschlechtlicher Liebe, darf Hinweis sein auf die Erniedrigung und Selbsthingabe Jesu, der auf diesem Weg zum Leben und zur Verherrlichung kam.

Glück ist ein Ziel des menschlichen Verhaltens, auch im Bereich des Geschlechtlichen, es darf aber nicht einfach mit Lust gleichgesetzt werden und ist nicht ein leidfreier Zustand. Wer es krampfhaft und ichbezogen sucht, wird es nicht finden.

Glaube an Auferstehung beinhaltet Bejahung der Leiblichkeit, verbietet aber eine rein immanente Deutung des Menschen und verweist auf eine Vollendung der Liebe und Gemeinschaft, die der Mensch nicht schaffen kann.

2.4.6 Sexualität und Institution, Gemeinschaft, Heilsgemeinschaft:
Auf anderen Gebieten der Ethik wird heute mit Recht eine stärkere Abkehr von jeder privaten und individualistischen Ethik gefordert und anerkannt, auf dem Gebiet des sexuellen Verhaltens scheinen die Tendenzen zur Individualisierung und Privatisierung noch stärker zu werden.
Endgültige Geschlechtsgemeinschaft drängt darauf hin, sich als solche vor der Öffentlichkeit auszuweisen, und verlangt danach, durch die Gesellschaft anerkannt und von ihr mitgetragen zu werden. Für den Glaubenden bedeutet dies auch ein Sich-ausweisen vor der Gemeinschaft derer, die mit ihm glauben, und einen Anspruch auf Hilfe der Glaubensgemeinschaft, daß die Ehe gelinge.
Ehe unter Christen meint nicht nur, daß zwei Menschen miteinander und füreinander leben wollen, sondern auch daß diese zwei Menschen durch die Bekundung ihrer Liebe und ihres Ehewillens vor der Kirche diese Liebe vor Gott bekunden, und daß Gott diesen Bund bestätigt und als eine konkrete Verwirklichung seines Bundes mit den Menschen anerkennt (Sakramentalität der Ehe). Durch die Öffentlichkeit der Eheschließung vor der Glaubensgemeinschaft haben die Eheleute eine neue Stellung in der Kirche und übernehmen für diese eine Aufgabe.
Dieser Öffentlichkeitscharakter und die soziale Gebundenheit von Geschlechtsgemeinschaft und Ehe sind nicht nur belanglose Akzidentien (unwesentliche Eigenschaften), sondern Konstitutiva (wesensbestimmende Elemente), ähnlich wie der Gemeinschaftsbezug ein Konstitutivum des personalen Seins ist. Liebe und Ehewillen sind zwar die tragenden Grundlagen der Ehe, machen aber für sich allein noch nicht die Ehe aus.

2.5 Der Lehrer soll die Notwendigkeit, die unterschiedliche Bedeutsamkeit und die Grenzen von ethischen Normen erkennen und verstehen.
2.5.1 Als soziales Wesen kommt der Mensch nicht ohne Normen aus. Sie regeln und erleichtern das Zusammenleben, entlasten von Dauerreflexion und ständigem Entscheidungszwang,

schützen die gemeinsamen Werte, letztlich die Würde der menschlichen Person. Im Bereich der Ethik haben die Normen „den Sinn einer Vorgabe für das sittliche Verhalten“[12], und zwar auf dem Boden einer vorgegebenen und anerkannten Sinndeutung, Wertordnung und Zielsetzung für den Menschen.
Im Bereich der christlichen Ethik ist diese Sinndeutung, Zielsetzung und Wertordnung im Kern durch die christliche Offenbarung vorgegeben und in der Tradition entfaltet. Sie schließt nach christlicher Überzeugung alle humanen Werte ein. Die großen Ziele und Werte bedürfen der Konkretisierung durch positive Weisungen und eventuell des Schutzes durch Verbote, damit der einzelne leichter seinen Weg auf die christlichen Lebensziele und Werte hin findet.
2.5.2 Unter dem Begriff Norm ist in der christlichen Ethik eine Vielzahl in ihrer Bedeutung sehr unterschiedlicher Anforderungen zusammengefaßt, angefangen von der ersten ‚Norm' der Liebe (dem umfassenden Zielgebot), über detaillierte Zielgebote (etwa die Forderungen der Bergpredigt, Mt 5,1ff.), den Dekalog und seine Entfaltung in Einzelgebote, Weisungen, Vorschriften, bis zu Verboten und Verdikten.
Auch im Bereich des Geschlechtlichen ist die personale Liebe das oberste und umfassende Zielgebot (siehe oben 2.3), das man in etwa auch in dem Begriff Partnerschaft fassen kann. Diesem Ziel haben alle Einzelnormen der Sexualethik zu dienen. Aus dieser Dienstfunktion ergeben sich die entscheidenden Kriterien für ihre Bedeutsamkeit und u. U. auch für ihre Berechtigung.
2.5.3 Die Verbindlichkeit ethischer Normen ist äußerst differenziert zu behandeln. Die höchste Verbindlichkeit besteht für jeden Christen darin, nach seiner jeweiligen Einsicht, in seiner Situation und nach seinen Kräften dem Zielgebot personaler Liebe in allen Lebensbereichen möglichst nahe zu kommen und damit gegebenenfalls über positive Einzelnormen hinauszugehen. Normen, die auf die ethischen Grundwerte der Menschenwürde zielen, sind absolut verbindlich. Soweit Normen konkrete Weisungen geben, die wichtigen ethischen Zielen dienen sol-

12 *R. Bleistein*, a. a. O. 73.

len, verpflichten sie so weit, wie sie in der gegebenen Situation diesen Zielen dienen. Wenn aufgrund besonderer Umstände andere Wege besser zum Ziel führen und in sich sittlich gut sind, können diese Wege verbindlich werden. Solche Normen sind also ein verbindliches Angebot und ein Appell an die persönliche reife Verantwortung. Das heißt, daß solche Normen einer praktischen Bewährung unterliegen. Praktische Bewährung kann aber nicht bedeuten, daß Normen nur so lange verbindlich sind, wie die numerische Mehrheit sie akzeptiert. Wohl aber muß die Tatsache, daß für die Mehrheit der verantwortlich denkenden und handelnden Christen eine Norm nicht mehr sinnvoll und ihrem Ziel dienlich erscheint, Anlaß sein, die Norm zu überprüfen und gegebenenfalls ‚weiterzuschreiben'.

Vernünftigkeit und Einsichtigkeit sind wichtige Forderungen an solche konkrete Normen. Aber diese Einsicht ist nicht eine zwingende logische Einsicht (wie $2 \times 2 = 4$), sondern eine ganzheitliche, menschliche Erkenntnis.

2.5.4 Es scheint wichtig, daß verschiedene Gruppennormen und gesellschaftliche Zwänge, die meist als solche nicht erkannt sind, bewußt werden und daß Ideologien und Interessengruppen, die dahinter stehen, aufgedeckt werden (etwa: ‚Mit diesem oder jenem Alter muß man intime Geschlechtsbeziehungen gehabt haben'; ‚Orgasmuszwang' u. a.).

2.6 Der Lehrer soll die wichtigsten moraltheologischen Argumente und Überlegungen zu einigen sexuellen Problemen der Schüler kennen.

2.6.1 Masturbation

Da der Mensch in seiner Geschlechtlichkeit auf Partnerschaft angelegt ist, kann Masturbation nicht als Ausdruck reifer Sexualität gewertet werden.

Ist sie Ausdruck einer entwicklungsbedingten Selbstbezogenheit und kann sie als Übergangsstufe zur Reife gedeutet werden, so ist es wichtiger, statt den Jugendlichen mit moralischen Wertungen zu belasten, ihm zu helfen, die positiven Aufgaben seiner Entwicklungszeit zu sehen, um so die Ursachen dieses Phäno-

mens zu überwinden. Schuldgefühle, die bei Jugendlichen aufgrund der Masturbation auftreten und die gewiß nicht allein von Indoktrination herrühren müssen, dürfen aber nicht als belanglos abgetan werden. Auch würde sich der Jugendliche nicht voll ernstgenommen fühlen, würde man ihm sagen, daß eigentliche Schuld in dieser Phase einfachhin ausgeschlossen sei.
Wenn Masturbation Ausdruck dafür ist, daß der junge Mensch sich einfach gehen läßt und sich nicht bemüht, aus seiner selbstbezogenen Sicht der Sexualität herauszufinden, oder wenn gewohnheitsmäßig geübte oder exzessive Masturbation den Jugendlichen fixiert und ihm den Weg zu partnerschaftlicher Liebe erschwert oder gar versperrt, dann ist wirkliche Schuld gegeben, entsprechend der verbliebenen Freiheit und Erkenntnis. Im Mittelpunkt der moralischen Bewertung sollte aber nicht die einzelne Handlung stehen; entscheidend ist die gesamte Haltung und Einstellung und das Gesamtstreben.
Die Unterscheidung zwischen sexuellen Schwierigkeiten und sexueller Schuld kann in dieser Frage hilfreich sein und ‚die Reifegestalt des Jugendlichen' respektieren.[13]

2.6.2 Erotische und sexuelle Zärtlichkeiten

Die unbefangene Begegnung zwischen Jungen und Mädchen kann positiv bewertet werden, ebenso das ausgeprägte Leibempfinden der heutigen Jugend, wenn es mit Schamgefühl und Achtung vor der Intimsphäre verbunden ist und nicht zu einer Überbewertung des Körpers gegenüber den geistigen Kräften führt, was Rückfall in einen neuen Dualismus bedeuten könnte.
In der Zeit der Vorbereitung auf die Ehe ist ein körperliches Sich-Näherkommen der Partner und ein Einüben und Kultivieren erotischer Ausdrucksformen entsprechend (Die Synodenvorlage „Christlich gelebte Ehe und Familie"[14] spricht von einer „Stufenleiter der Zärtlichkeiten"). Wenn diese Zärtlichkeiten Ausdruck personaler Liebe und Zeichen des gemeinsamen Weges auf die Ehe hin sind und in Verantwortung füreinander

13 *R. Bleistein,* a. a. O. 81.
14 Vorlage für die zweite Lesung, 3.1.3.3.

geschehen, wird man sie als verantwortbar ansehen dürfen. Auch dann, wenn sich aus unzureichender Kenntnis der eigenen körperlichen und psychischen Reaktion und der des Partners oder aus ähnlichen Gründen Grenzüberschreitungen ereignen, sollte man dies nicht einfach moralisch negativ bewerten, falls die Partner sich gemeinsam um eine verantwortliche Haltung bemühen.

Wenn dagegen ohne personale Liebe und aus einem egoistischen Suchen der Lust sexuelle Reizspiele angestrebt werden, handelt es sich nicht mehr um eine menschliche Begegnung, sondern um ein Herabwürdigen des Körpers des anderen zum Objekt der Lust (Dies gilt auch dann, wenn der andere zustimmt). Ein solches Geschehen ist inhuman, bedeutet eine Gefahr, daß die Fähigkeit zu wirklich erotischen Ausdrucksformen verkümmert, und kann, über längere Zeit geübt, Unfähigkeit zu wirklicher Hingabe verursachen.

2.6.3 Geschlechtliche Intimbeziehungen

2.6.3.1 Die Partnerbezogenheit menschlicher Sexualität wird auch von den Humanwissenschaften herausgestellt. Vor allem die naturwissenschaftliche Anthropologie betont, daß permanentes Negieren von Partnerbindung zu Überforderung des Menschen führt und inhuman ist.[15] Sowohl solche Erkenntnisse als auch die Grundsätze der christlichen Ethik fordern eine sehr differenzierte Betrachtung und Bewertung menschlichen Geschlechtsverhaltens.

Daß jede Form von Promiskuität, aber auch außereheliche Geschlechtsgemeinschaft dieser Sicht der Geschlechtlichkeit widersprechen, dürfte außer Frage stehen. Aber auch vorehelicher Geschlechtsverkehr ohne wirklich personale Bindung und ohne den Willen zur Ehe kann dem Anspruch christlicher Ethik in keiner Weise entsprechen. Solches Verhalten entwürdigt den ‚Partner', ist Zeichen von Verantwortungslosigkeit, kann die Entwicklung zu Partnerschaftlichkeit und eine spätere Treuebindung entscheidend stören und ist wohl dem gleichzusetzen,

[15] Vgl. Beitrag von H.-G. Neumann und W. Tünte, 2

was das Neue Testament als Unzucht bezeichnet und verurteilt.

Doch muß gesagt werden, daß viele Jugendliche und Heranwachsende in diesem Punkt nicht die volle Verantwortung tragen. Wenn ihnen jahrelang bewußt oder unbewußt eingeimpft wird, daß intime sexuelle Erfahrungen spätesens ab einem gewissen Alter ‚dazugehören', daß dies alle tun, und wenn heterosexuelle Betätigung wie ein alltäglicher Konsumartikel propagiert wird, so stehen sie oft unter einem inneren und äußeren Zwang, der sie als nicht voll verantwortlich für ihr Tun erscheinen läßt. Das berechtigt aber in keiner Weise zu einem Verharmlosen dieses Phänomens. Es müßte vielmehr aufrufen zum Aufdecken der dahinter stehenden Ideologien und geheimen Interessen, zur Beeinflussung der öffentlichen Meinung und zur Weckung des Verantwortungsbewußtseins beim Jugendlichen. Mit moralischer Verurteilung allein ist dem Übel nicht beizukommen.

Eine der verheerendsten Folgen solchen Verhaltens scheint uns zu sein, daß im Jugendlichen ein völlig verzerrtes Bild von Liebe entsteht und wirkliche, ganzheitliche Hingabe stark gestört, wenn nicht gar verhindert wird.

2.6.3.2 Wesentlich anders muß die Beurteilung aussehen, wenn Verlobte oder Partner mit wirklich personaler Bindung und entsprechendem Willen zur Ehe intime sexuelle Beziehungen aufnehmen. Dies als Unzucht zu bezeichnen und mit wahllosem und bindungslosem Geschlechtsverkehr gleichzusetzen ist unverantwortlich und verletzend. Doch muß gesehen werden, daß unter denen, die von sich sagen, ihre Liebe sei ernst und sie wollten heiraten, und deshalb volle Geschlechtsbeziehungen aufnehmen, große Unterschiede bestehen sowohl hinsichtlich ihrer Bindung und ihres Ehewillens als auch hinsichtlich der Motive und der partnerschaftlichen Verantwortung. Dies erfordert eine differenzierte Bewertung, die nicht vom grünen Tisch aus geschehen kann. Auf jeden Fall sollte berücksichtigt werden, daß junge Paare vor allem hinsichtlich der Ernsthaftigkeit ihrer Bindung und ihrer Motive sich leicht Täuschungen hingeben können. Anderseits sollte klar sein, daß die Frage des Geschlechtsverkehrs erst bei einigermaßen erwachsenen Menschen ernsthaft gestellt werden kann, die in der Lage sein müßten, die Tragweite ihres Handelns und die gegenseitige Verantwortung zu sehen. Aber auch wenn die Voraussetzung reifer personaler Liebe und entschiedenen Willens zur Ehe gegeben sind, mangelt der vollen Geschlechtsgemeinschaft doch die soziale Legitimation. Da der Öffentlichkeitscharakter und die soziale Gebundenheit von Geschlechtsgemeinschaft und Ehe wesentliche Aspekte sind, haftet der genannten Geschlechtsgemeinschaft ein nicht unerheblicher objektiver Mangel an, der es nicht zuläßt, sie einfachhin als der sittlichen Norm entsprechend anzusehen.[16] Das oft, auch in ernsthaft gemeinten Veröffentlichungen, angeführte Argument, die Partner müßten vor der Ehe erproben, ob sie körperlich und seelisch zusammenpassen, kann wohl nicht sehr ernst genommen werden. Ernsthafte persönliche Liebe und menschliche Partnerschaft verbieten jeden Versuch, den Partner zu erproben und ihn damit zum Objekt zu machen.

2.6.3.3 Voreehelicher Geschlechtsverkehr und empfängnisverhütende Mittel:

Wenn die Anwendung von Verhütungsmitteln Verantwortungslosigkeit fördert, sind sie eindeutig ein Übel. Wenn aber junge Menschen willens sind, verantwortungslos Geschlechtsverkehr zu praktizieren, und auch wenn Verlobte nach ernsthafter Überlegung meinen, miteinander verkehren zu können, die Zeugung eines Kindes aber nicht zu verantworten ist, bedeutet das Verhütungsmittel auf jeden Fall das geringere Übel gegenüber dem Risiko einer unerwünschten und nicht zu verantwortenden Schwangerschaft oder gar einer Abtreibung.

2.6.3.4 Eine christliche Ethik darf auf keinen Fall den Eindruck erwecken, als ob voreheliche Enthaltsamkeit kein anzustrebendes Ziel mehr wäre, auch wenn es schwer zu verwirklichen ist und in der heutigen gesellschaftlichen Situation selten voll erreicht wird. Dies allein kann in keiner Weise rechtfertigen, das Ziel fallen zu lassen oder auch nur zu verkürzen.

Der Mensch lebt mehr von Zielen und Idealen, auch jener, der

[16] Vgl. ebd. 3.1.3.4.

sie nicht voll erreicht, als im Zeitalter einer ‚Moral der Faktizitäten' eingestanden wird (Wir schaffen das Zielgebot der vollkommenen Gewaltlosigkeit, wie es in Mt 5,38–42 gefordert ist, auch nicht ab, weil es kaum einer voll erreicht und die meisten es als Zumutung empfinden). Enthaltsamkeit, die entsprechend motiviert ist, wahrt jene Distanz und Freiheit, von der Liebe immer lebt, hilft erotische Begabungen zu entfalten und unterstützt das Einüben von Sublimierung, die eine geglückte Partnerschaft und Ehe ständig braucht.

2.6.4 Homosexualität

Homosexualität ist zu unterscheiden von einer gewissen homoerotischen Durchgangsphase, die der Mensch in seiner psychosexuellen Entwicklung durchläuft. Der Mensch kann in dieser Phase fixiert werden, sei es durch neurotisierende Einflüsse oder durch Verführung.[17] Die Homosexualität als Abweichung von der normalen Zielrichtung menschlicher Sexualität unterliegt zunächst nicht einer moralischen Wertung, sondern ist eher wie eine mehr oder weniger schuldhaft erworbene Fehlentwicklung oder auch wie eine Krankheit zu beurteilen und zu behandeln. Sie darf aber nicht als gleichberechtigte Form menschlichen Sexualverhaltens neben dem heterosexuellen Verhalten bewertet werden. Wenn keine Heilung möglich ist, ist der Homosexuelle zu gleicher Triebbeherrschung aufgerufen wie der Heterogeschlechtliche, dem aus irgendeinem Grund die Ehe versagt ist. Die strafrechtliche Beurteilung ist von dieser ethischen Beurteilung zu unterscheiden.

Literatur

R. Bleistein, Sexualerziehung zwischen Tabu und Ideologie, Würzburg ²1972.

R. Bleistein, Jugend – auf kritischer Distanz zur Kirche, in: K. Forster (Hrsg.), Befragte Katholiken, Freiburg i. B. 1973.

[17] Vgl. Beitrag von H. Böhringer u. E. Schröder, 3.3.1.11.

F. Böckle, Sexualität und sittliche Norm, in: F. Böckle, Freiheit und Bindung, Kevelaer 1968.
A. Elsässer, Die sittliche Ordnung des Geschlechtlichen, Aschaffenburg 1973.
J. Gründel, Das christliche Menschenbild – Ausgangspunkt und Ziel geschlechtlicher Erziehung, in: E. Wiesböck (Hrsg.), Geschlechtliche Erziehung in der Schule, München 1969.
J. Gründel/H. van Oyen, Ethik ohne Normen? Zu den Weisungen des Evangeliums, Freiburg i. B. 1970.
Chr. Mewes/J. Illies, Lieben – was ist das?, Freiburg i. B. 1970.
St. Pfürtner, Kirche und Sexualität, Reinbek 1972.
R. Seiß, Sexualerziehung zwischen Utopie und Wirklichkeit. Eine kritische Hinterfragung der Fortschrittsgläubigkeit, Bad Heilbrunn 1973.
Concilium 10 (1974).
Die Deutschen Bischöfe, Zu Fragen der menschlichen Geschlechtlichkeit, Sekretariat der Deutschen Bischofskonferenz, München 1973.
Kommission für sexualethische Fragen der EKD, Denkschrift zu Fragen der Sexualethik, Gütersloh 1971.
Sachkommission IV der Gemeinsamen Synode der Bistümer in der Bundesrepublik Deutschland, Sinn und Gestaltung menschlicher Sexualität, Bonn 1973.
Vgl. auch die in den Anmerkungen aufgeführte Literatur.

Hermann Stenger

Bemerkungen zum ‚lebendigen Lernen' im Rahmen der sexualpädagogischen Lehrerfortbildung

Für die Fortbildung auf dem Gebiet der Sexualpädagogik ist es vor allem wichtig, daß nicht nur Inhalte intellektuell vermittelt werden, sondern auch ein in den emotional-affektiven Bereich eingreifender Lernprozeß eingeleitet wird. Ich nenne einige Elemente, die zur Erreichung dieses Zieles beitragen können. Die Gesichtspunkte sind lose aneinander gereihte Anregungen.

1. Kontakt zwischen den Dozenten

Für das Gelingen der Kurse scheint es mir sehr wünschenswert zu sein, daß die Dozenten der verschiedenen Fachgebiete in Teambesprechungen, Klausurtagungen usw. ihre Konzepte einander bekannt machen und sich auf eine einigermaßen einheitliche effiziente Didaktik einigen (z. B. Verfassen von Arbeitspapieren, verschiedene Methoden der Gruppenarbeit, Vorbereitung gemeinsam durchzuführender Lehrgespräche). Während der Kurse sollten – abgesehen von einem Kursbegleiter – wenigstens zeitweise mehrere Dozenten zugleich anwesend sein, damit die Kursteilnehmer ‚am Modell' lernen können, wie sich Erkenntnisse aus verschiedenen Wissensgebieten zueinander verhalten und wie sie gegebenenfalls aufeinander abgestimmt werden können. – Wie lassen sich die mit einem solchen Vorgehen verbundenen konkreten Probleme lösen: Probleme der zusätzlichen Arbeits- und Zeitbelastung der Dozenten, Probleme der Finanzierung?

2. Bevorzugung der induktiven Methode

Die Lehrtradition steht im Zeichen der deduktiven Methode: Information im Stil eines Referats mit anschließender Diskussion. Dieses Verfahren wird auch künftig in den Kursen seine

Bedeutung haben, besonders dort, wo keine oder nur geringe Wissens- und Erfahrungsvoraussetzungen bei den Teilnehmern vorhanden sind. Überall wo es sinnvoll ist, sollte jedoch auch die induktive Methode angewendet werden. ‚Induktiv' meint in diesem Zusammenhang: beginnend beim Wissen, bei den Erfahrungen und Einstellungen der Teilnehmer. In Paar-, Gruppen- und Plenumgsgesprächen sollte dieser Fundus zum Ausdruck gebracht werden können, *bevor* der Dozent seine neuen Informationen mitteilt. Diese Methode verlangt vom Dozenten eine elastische Lehrweise, weil er die von den Teilnehmern eingebrachten Kenntnisse, Erfahrungen und Einstellungen berücksichtigen muß. Wo dieses Zusammenspiel gelingt, wird die Lernmotivation und die kreative Mitarbeit sehr gefördert.

3 Hinweise auf einige Methoden der Gruppenarbeit

In den Kursen können verschiedene Methoden der Gruppenarbeit angewandt werden. Diejenigen, die damit umgehen, sollten jedoch gute diesbezügliche Fachkenntnisse haben, besonders wenn es sich um gruppendynamisch bzw. psychoanalytisch orientierte Methoden handelt.

3.1 Am ehesten zugänglich und erlernbar sind *didaktische und gruppenpädagogische Methoden* (z. B. Methoden der Informationsvermittlung, der Gruppenarbeit, des Umgangs mit dem Plenum, der Auswertung und der Lernzielkontrolle). Heutzutage sollte jeder Dozent entsprechende Kenntnisse und Erfahrungen besitzen. Nötigenfalls sollten sie in eigenen Kursen vermittelt werden.[1]

3.2 Der Übergang zwischen gruppenpädagogischen und *gruppendynamischen Methoden* ist fließend. Bei ersteren wird mehr auf Methoden und Techniken geachtet, bei letzteren mehr auf

[1] Vgl. z. B. *E. Prokop – K. A. Geissler*, Erwachsenenbildung. Konzepte und Methoden, München–Basel 1974; hingewiesen sei auch auf die Schriften der Arbeitsgemeinschaft für Hochschuldidaktik, 2000 Hamburg 13, Rothenbaumchaussee 32.

die Prozesse. So hat z. B. partnerschaftliches Lehren und Lernen sowohl einen gruppenpädagogischen als auch einen gruppendynamischen Aspekt. Der Einsatz betont gruppendynamisch ausgerichteter Methoden kann nur von gut ausgebildeten Fachkräften verantwortet werden.[2]

3.3 Die *themenzentrierte – interaktionelle Methode* von Ruth Cohn (TZI) ist – wenn der Gruppenleiter sie beherrscht – für die sexualpädagogische Fortbildung gut geeignet. Denn sie fördert das ‚lebendige Lernen' im besonderen Maß. Der einzelne lernt seine eigenen Erfahrungen und Einstellungen zum Ausdruck zu bringen und er ‚lernt' zugleich durch die lebendige Teilnahme an den Erfahrungen und der Einstellung der anderen.[3]

3.4 *Balint-Gruppen* im eigentlichen Sinn des Wortes sind psychoanalytisch orientierte Arbeitsgruppen, die sogenannte Fallbesprechungen zum Gegenstand haben, unter besonderer Berücksichtigung des Beziehungsgeflechts vorbewußter und unbewußter Art, das zwischen den Gesprächspartnern (z. B. Lehrern und Schülern) entsteht. Von der Gruppentherapie unterscheiden sich Balint-Gruppen dadurch, daß sie nicht die Bearbeitung der persönlichen Probleme der Gruppenteilnehmer zum Ziel haben, sondern das Bewußtmachen der unbewußten Komponenten von ‚Fällen' und Situationen. Die Arbeit dieser Gruppen erstreckt sich in wöchentlichen Sitzungen über längere Zeit hin (zwei und mehr Jahre). Der Gruppenleiter ist ein ausgebildeter Psychotherapeut (Psychoanalytiker).[4]

[2] Vgl. z. B. *K. W. Vopel* (Hg.), Gruppendynamische Experimente im Hochschulbereich, in: Blickpunkt. Hochschuldidaktik 24; ferner: *K. W. Dahm / H. Stenger* (Hg.), Gruppendynamik in der kirchlichen Praxis. Erfahrungsberichte, München–Mainz 1974.

[3] Vgl. z. B. *R. C. Cohn,* Von der Psychoanalyse zur themenzentrierten Interaktion, Stuttgart 1975; ferner: *B. Genser u. a.*, Lernen in der Gruppe: Theorie und Praxis der themenzentrierten interaktionellen Methode (Ruth C. Cohn), in: Blickpunkt. Hochschuldidaktik 25.

[4] *Vgl. H. Argelander* (Hg.) Konkrete Seelsorge. Balintgruppen mit Theologen im Sigmund-Freud-Institut Frankfurt/M., Stuttgart 1973.

3.5 Auch der *transaktionsanalytische Ansatz* kann für die sexualpädagogische Fortbildung bedeutsam sein. Es handelt sich bei dieser Methode um eine Art operationalisierter Psychoanalyse, durch welche die lebensgeschichtlichen Zusammenhänge des Verhaltens im Hier-und-Jetzt wahrnehmbar und bewußt werden. Die Transaktionsanalyse will zu einem verantwortungsbewußten Umgang mit den Botschaften des Überich und mit den Impulsen aus dem Trieb- und Affektbereich verhelfen. Die Gefahr dieses Systems scheint mir zu sein, daß bei einem oberflächlichen Umgang die Bezeichnungen Eltern-Ich, Erwachsenen-Ich und Kindheits-Ich zu etikettierenden Schlagworten werden. Die intensivere Reflexion, zu der diese Methode anleitet, beansprucht geraume Zeit zur Verarbeitung der Einsichten. Der Kursleiter muß, ähnlich wie in den Balint-Gruppen, im Begleiten von Bewußtwerdungsprozessen erfahren sein.[5]

4 Abschließender Hinweis zur Methodenwahl

Es war nicht meine Absicht, möglichst vollzählig diejenigen Methoden aufzuzählen, die für die sexualpädagogishe Lehrerfortbildung in Frage kommen. Ich kann mir vorstellen, daß auch Elemente des Psychodramas, der Gestalttherapie, der Kommunikations- und Verhaltenstherapie sinnvoll zur Geltung kommen können, immer vorausgesetzt, daß dies nicht dilettantisch geschieht. Die unter 3.1 genannten Methoden sollten auf jeden Fall in allen Kursen hinreichend berücksichtigt werden. Bei den Methoden 3.2 und 3.3 können sich Wissensvermittlung und persönlich engagiertes ‚lebendiges Lernen' die Waage halten. Bei 3.4 und 3.5 steht die Selbsterfahrung und die Bewußtwerdung im Vordergrund. Der Einsatz der verschiedenen Methoden

[5] Vgl. *E. Berne,* Spiele der Erwachsenen. Psychologie der zwischenmenschlichen Beziehungen, Reinbek ab 1967; *ders.,* Was sagen Sie, nachdem Sie guten Tag gesagt haben? Psychologie des menschlichen Verhaltens, München 1975; *Th. A. Harris,* Ich bin o. k. – du bist o. k. Wie man über seinen Schatten springen lernt, Reinbek 1963; *M. James – D. Jongeward,* Spontan leben. Übungen zur Selbstverwirklichung, Reinbek 1974.

hängt davon ab, welche Fachkräfte gewonnen werden können, wieviel Zeit für eine eingehende Gruppenarbeit zur Verfügung steht und vor allem inwieweit die Kursteilnehmer motiviert sind, sich auf Selbserfahrungsvorgänge einzulassen. Bei Veranstaltungen der Pflichtfortbildung kann eine solche Bereitschaft nicht ohne weiteres vorausgesetzt werden. Je mehr jedoch eine qualifizierte Gruppenarbeit zum Zug kommt, um so nachhaltiger wird der emotional fundierte Lernerfolg für den Lehrer persönlich und für seine Lehrtätigkeit sein.

Herausgeber und Autoren

Beffart, Franz, war bis 1975 Direktor des Katholischen Zentralinstituts für Ehe- und Familienfragen, Köln

Böhringer, Hans, Dr. phil., Studienprofessor, Studium der katholischen Theologie, Studium der Psychotherapie an der Stuttgarter Akademie für Tiefenpsychologie und Psychotherapie, Referatsleiter des Referates Sexualerziehung und Suchtprophylaxe im Institut für Bildungsplanung und Studieninformation, Stuttgart

Grenner, Karl-Heinz, Dr. theol., Dozent am Institut für Lehrerfortbildung Essen-Werden, Lehrbeauftragter an der Gesamthochschule Wuppertal

Mattes, Bernhard, Dr. theol., Professor, Dozent am Institut für Lehrerfortbildung Gars am Inn und an der Phil.-theol. Hochschule der Salesianer in Benediktbeuren

Neumann, Gerd-Heinrich, Dr. rer. nat., Dozent am Institut für Lehrerfortbildung Essen-Werden; Privatdozent an der Pädagogischen Hochschule Westfalen-Lippe, Abteilung Münster

Schröder, Edith, Dr. med., Dr. phil., Dipl.-Psych., Fachärztin für innere Medizin

Stenger, Hermann, Dr. phil., Dipl.-Psych., Professor, Dozent am Institut für Lehrerfortbildung Gars am Inn; Honorarprofessor für Pastoralpsychologie an der Universität Innsbruck

Tünte, Wilhelm, Dr. med., Wissenschaftlicher Rat und Professor am Institut für Humangenetik, Universität Münster

Türk, Hans Joachim, Dr. theol., Professor für Philosophie und Sozialethik an der Fachhochschule Nürnberg (davor: Lehrbeauftragter für theologische Erkenntnislehre und Moraltheologie an der Erziehungswissenschaftlichen Hochschule Rheinland-Pfalz, Abt. Koblenz)